AF308234

Das Buch Jesaja [Kapitel 13-14] – 2025 – Harald Schneider

Harald Schneider

Das Jesaja Buch
Kapitel 13 – 14

Der Untergang der
letzten Weltmacht

2025

Das Buch Jesaja [Kapitel 13-14] – 2025 – Harald Schneider

Deutschen Nationalbibliothek verzeichnet diese Publikation in der Deutschen Nationalbiographie; Detaillierte bibliographische Daten sind im Internet über http://dnb.dnb.de abrufbar.

Das Buch Jesaja
Kapitel 13 bis 14
Der Untergang der letzten Weltmacht

© 2025 Harald Schneider

Verlag:
BoD · Books on Demand GmbH, Überseering 33,
22297 Hamburg, bod@bod.de

Druck:
Libri Plureos GmbH, Friedensallee 273,
22763 Hamburg

ISBN:
978-3-8192-6400-9

Vorwort

Dass Jesaja das gleichnamige Buch verfasst haben soll, geht bereits aus der Überschrift hervor, die von einem Gesicht Jesajas spricht. Die Kapitel 1-39 werden weithin dem historischen Jesaja zugeschrieben. Für die Kapitel 40-55 sorgen vor allem die nachexilische Interpretation der Erfüllung durch Kyros für Verwirrung. Die zurückkehrenden Juden verstanden Jeremias Prophezeiungen für sich, wovon auch Spuren um Kyros im Jesaja Buch zeugen. Bedauerlicherweise hat die kritische Forschung diese sich zu eigen gemacht, um eine Niederschrift im absehbaren Übergang von neubabylonischer zu persischer Herrschaft festzustellen, bei der aus dem angesagten Untergang Babylons nur eine Reichsübernahme ohne deren Zerstörung wurde und folglich erst kurz vorher aufgeschrieben worden sei.

Vorliegend wird jedoch echtes Offenbarungsgut festgestellt, dass für eine spätere Epoche dem Babylon in XXL angedacht ist. Im Buch *Die Flut im Lebensraum der Menschheit* zeigt für Kapitel 40-55 die Gegenwart an. Auch die Kapitel 56-66 gehören zur Vision Jesajas.

Der Begriff Jesaja Apokalypse wird oft auf Kapitel 24-27 reduziert. Kann denn bei Jes 24-27 von einer Apokalypse gesprochen werden? *Dieter Schneider* fasst über Jes 24-27 zusammen: „Es fehlt in diesen Kapiteln genau das, was man etwa aus dem Daniel-Buch als apokalyptisch erkennen kann: die Unterscheidung dieser von der kommenden Welt, die Verwendung von Zahlen, die Gestalt eines endzeitlichen Gottgesandten."[1] Und wie steht es mit Jesaja als Ganzes?

Offenbarungsgut ist keine menschliche Modeerscheinung. Auffällig werden vorhandene Zeitangaben von der Wissenschaft außer Kraft gesetzt, um eine Spätdatierung zu stützen. Die ganze Diskussion wird so in einen Raum verlegt, in dem kein mitteilender Gott mehr vorkommt, da ja Menschen auf bestimmte Situationen reagierten.

Es ist festzuhalten, dass die Woche als entscheidende Offenbarung von Gott von Anfang an präsent ist und dass zwei Wochen bis zur großen Not auch heute gezählt werden können BarApk[syr] 28,2. Sich dieser Diskussion zu entziehen steht der sachlichen Aufklärung entgegen, wie Gott die Zeiten festlegte und was wir aus seinem Gut legitim schöpfen können, um unsere Situation richtig einzuschätzen.

---

[1] WStB AT 7 Dieter Schneider: *Der Prophet Jesaja*; 1988, Seite 346

Neben der „Verwendung von Zahlen" im Sinne einer Zeitrechnung wird auch „die Unterscheidung dieser von der kommenden Welt" in Kapitel 56-66 und „die Gestalt eines endzeitlichen Gottgesandten" in Kapitel 40-55 beobachtet, was das ganze Jesaja-Buch als eine große Apokalypse aussehen lässt!

Bereits vor der mittelalterlichen Erfindung der Einteilung in Kapitel und Versen gab es im hebräischen Text ein Absatzsystem, das schon in den ältesten Abschriften zu finden ist. Diese Textanordnung war keine schlichte Unterteilung in Leseabschnitte, was schon an den unterschiedlichen Längen der Abschnitte leicht zu erkennen ist. Die Einteilung der Abschnitte sind selbst Teil der Offenbarung und gehören in die Auslegung der Texte einbezogen, ähnlich, wie andere Ordnungshinweise auf Zusammenhänge einwirken. Deshalb wird das ganze Buch Jesaja in diesem Format geboten, was heute als Besonderheit erscheint. Die noch junge Chronologie Forschung beobachtet die hebräischen Abschnitte als eingetragene Zählung der Jahre der Menschheit und sieht Hinweise auf Geschichtsschreibung.[2]

Die Ordnung der 3 x 14 Abschnitte in Jesaja 1-12 bilden zudem einen hinterlegten Jubiläen-Mondkalender von Abraham bis ins 1. Jhd. ab. Jesus vermittelte diese Ordnung seinen Schülern, denn Matthäus trug themengleich die 3 x 14 als Generationen ein (Mat 1,17). In Jesaja 13-27 begegnet diese Ordnung (3 x 14 Abschnitte) wieder und hinterlegt die Mond-Jubiläen vom 1. Jhd. bis in die heutige Zeit.

Die letzten 14 Abschnitte dieser Periode in der *Jesaja-Apokalypse* in 24-27 beschreiben die Mond-Jubiläen vom Spätmittelalter 70 Jahre hinter dem Schwarzen Tod bis in unsere Gegenwart verschlüsselt.

Dem angehängt bietet Jesaja 28-35 mit 2 x 13 Abschnitten ebenfalls verschlüsselt die Geschichte der letzten großen Weltmacht in einer *26-Wochen-Chronologie*. Auch die übrigen Abschnitte Jesajas haben eine chronologische Funktion, welche jeweils angesprochen werden.

Die 2 x 14 Abschnitte der *Fremdvölkerorakel* in Jesaja 13-23 bieten schon im Text zahlreiche Auskünfte über den Untergang der letzten großen Weltmacht. Die Jubiläen-Abschnitte blicken als Ganzes auf bedeutende Ereignisse des römischen Reiches sowie andere bedeutender Reiche vom Jahr 90 u. Z. bis zum Jahr 1421 u. Z.

---

[2] Harald Schneider: *Die biblische Chronologie. Umfeld und hinterlegte Zeitrechnung*; 2020, Seite 221-248 [MT-Paraschen mit Jahresangaben]

Jesaja 40-55 *Die Flut im Lebensraum der Menschheit*; 2024, 408 S. behandelt Jesaja 40-55 systematisch und thematisch.

Um die neue biblische Chronologie kompakt erfassen zu können wird eine ausführliche Einleitung geboten:

I *Eine Flutkatastrophe in historischer Zeit*

II *Ein neuer Kalender und die Zeitrechnung nach der Flut*

III *Das Leben und die Zeitrechnung vor der Flut*

IV *Die Schöpfungswoche der Genesis. Was offenbart Gott?*

V *Die Woche als Lebensraum der Apokalyptik*

VI *Der Menschensohn/Gottesknecht in Jesaja 40-55*

Jesaja 1-12 *Das Buch Jesaja 1-12. Die Jesus-Chronologie*; 2024, 100 S. behandelt Jesaja 1-12 systematisch nach den hebräischen Abschnitten.

Ein System von Wehe-Rufen und Kehr-Reimen wird als eine Chronologie vom Tempelbau Salomos bis zu Jesu Geburt erkannt und erstmals herausgestellt.

Die (3 x 14) 42 Jubiläen-Abschnitte werden chronologisch von Abraham bis zu Jesu Zeit aufgearbeitet.

Jesaja 13-14 *Das Buch Jesaja 13-14. Untergang der letzten Weltmacht*; 2025, 72 S. behandelt Jesaja 13,1-14,27 nach den hebräischen Abschnitten mit Blick auf die Metrik.

Jesaja 24-27 *Das Buch Jesaja 24-27. Die Jesaja-Apokalypse*; 2025, 48 S. schließt die 42 Jubiläen-Abschnitte Jesaja 1-12 und die 42 Jubiläen-Abschnitte Jesaja 13-27 ab.

Als Chronologie behandeln die vierzehn Abschnitte in Jesaja 24-27 die Jahre von 1421-2086 u. Z. Die zentrale Stellung rechtfertigt den Titel *Jesaja-Apokalypse*.

Jesaja 28-35 *Das Buch Jesaja 28-35. Zwischen jüdischen und christlichen Apokalypsen*; 2025, 192 S. behandelt die hebräischen Abschnitte in Jesaja 28-35 systematisch.

Sechsundzwanzig Abschnitte werden als Wochenchronologie der letzten großen Weltmacht entschlüsselt, vom US-Bürgerkrieg bis in die Gegenwart. Deren Auf- und Niedergang wird in den Apokalypsen mit verfolgt.

Das Buch Jesaja 13-14

Der Untergang der letzten Weltmacht

Einleitung

Was wird von einem Kommentar über Jesaja 13,1-14,27 erwartet, oder besser gleich, was wird in diesem Kommentar geliefert?

In einer streng nach hebräischen Abschnitten eingeteilte Ordnung wird eine wiederaufgefundene Geschichte der Menschheit von deren Erschaffung bis zu deren Vollendung herausgestellt. In Jesaja 13-23 umfasst dies die Jahre vom 90 u. Z. bis ins 1421 u. Z. Das zugrundeliegende Weltbild einer im Voraus geschriebenen Geschichte von Gott durch den Propheten Jesaja entfaltet sich über die Zeit.

Diese Auffassung bestätigt sich mit der Summe fruchtbarer Ergebnisse im jeweiligen Zeitfenster. Wurde anfangs nach Aufklärung der hohen Lebensalter vor und nach der Flut die Abschnitte als eine in den Text gelegte Jahreszählung erkannt und erste Muster einer durch den Text implizierten Geschichtsschreibung herausgestellt, so werden in Jes 1-27 eine Geschichtsschreibung Gottes in Mondjubiläen (und mit Gen 1,1-2,3 ein Modell von 14 Jahrjahren) vorgestellt. Wehe Rufe werden einer spezifischen Zeit zugeordnet.

Die Metrik von Jes 14,4b-27 gibt eine sichere chronologische Auskunft über wichtige Herrscherwechsel in der Antike und in unserer Gegenwart. Dieses Beispiel macht deutlich, dass Forschung in dieser Form von Gott ausdrücklich erwünscht sein muss, um sein Handeln in der Welt zu erkennen und seine Oberhoheit über die Zeiträume zu begreifen! Aus diesem Grund ist als Schwerpunkt der Teilausgabe Jes 13-14 die Schöpfungsapokalypse in Gen 1,3-2,3 als eine Entwicklungsoffenbarung der Menschheit erstmals in seinen vierzehn Tagen aufgeschlüsselt, um das Zeitgefüge der „Zwei Wochen" in den Qina-Versen Jes 14,4b-20 und deren doppelte Feinabstimmung auf die zwei Siebener als von Anfang an bekannt herauszustellen.

„Der Text von Gen 1-11 selbst enthält eindeutige Strukturelemente, … in denen es um „Nachkommen" – oder im weiteren Sinne, so in Gen 2,4a, um die „Hervorbringung" – der Figuren/Größen geht, die im Vorkontext eingeführt wurden."[3] Diese „Hervorbringung" gewinnt als eine Gestaltung Gottes aus der Textordnung an Bedeutung und will auf diese Weise unser geistiges Leben positiven beeinflussen.

---

[3] IEKAT David M. Carr: *Genesis 1-11*; 2024, Seite 17

Die Bedeutung der Wehe-Rufe in Jesaja 24-35

Den Wehe Rufen 28,1; 29,1.15; 30,1; 31,1; 33,1 kommt eine chronologische Bedeutung zu, die sich von einer 26 Wochen-Chronologie abheben. Der Abschnitt zur Entdeckung Amerikas enthält bereits mittig ein Wehe in 24,16b gegen die *Falschen, die falsch handeln*, denn *Grauen und Grube und Falle erwarten die Erdbewohner!* Die These, die Jesaja-Apokalypse 24-27 sei mit 28-35 zusammen auf einen Höhepunkt ausgerichtet, gewinnt mit dem Wehe Ruf zur Mitte 1492 und der Wehe Einleitung in 28,1 an Bedeutung. Der zweite Wehe Ruf 29,1 steht im Wochengefüge an siebter Stelle. Das lässt an Jubiläen denken. Als Jubiläen gelesen (wie 24,16b mittig als 1492) reichen sechs Mond-Jubiläen als Zeitlänge von 1492 bis 1777 zwölf Jahre vor die Staatsgründung der USA, als Zeitrechnung von 1516-1801 zwölf Jahre hinter diese Staatsgründung. Eine Stativfunktion ist deshalb möglich. Über die Wehe Rufe lässt sich somit eine Wechselwirkung zwischen 24-27 und 28-35 nachweisen, weil eine Adresse eine Funktion im gegenüberliegenden Bereich auslöst.

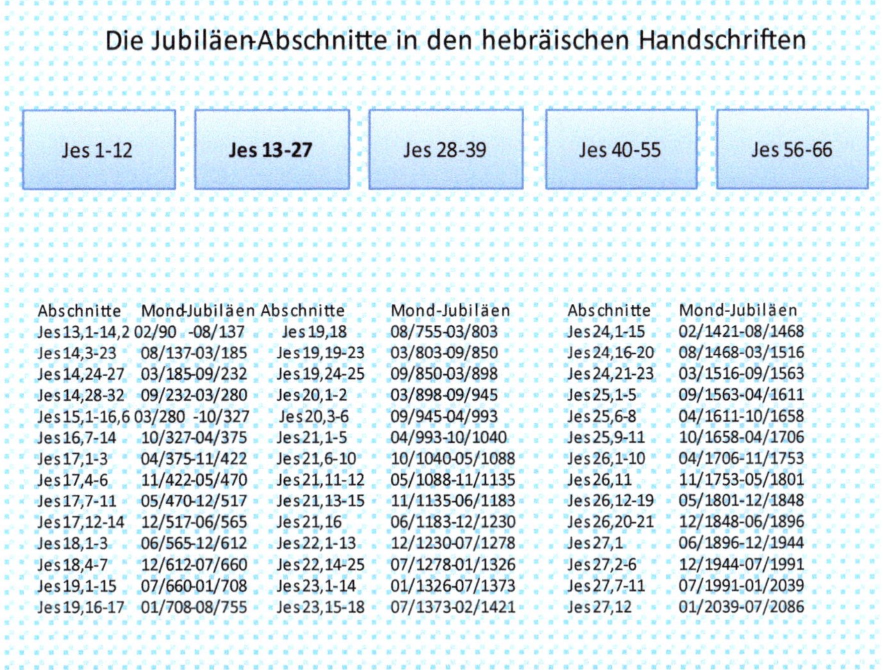

Die Jubiläen-Abschnitte in den hebräischen Handschriften

| Jes 1-12 | **Jes 13-27** | Jes 28-39 | Jes 40-55 | Jes 56-66 |

Abschnitte	Mond-Jubiläen	Abschnitte	Mond-Jubiläen	Abschnitte	Mond-Jubiläen
Jes 13,1-14,2	02/90 -08/137	Jes 19,18	08/755-03/803	Jes 24,1-15	02/1421-08/1468
Jes 14,3-23	08/137-03/185	Jes 19,19-23	03/803-09/850	Jes 24,16-20	08/1468-03/1516
Jes 14,24-27	03/185-09/232	Jes 19,24-25	09/850-03/898	Jes 24,21-23	03/1516-09/1563
Jes 14,28-32	09/232-03/280	Jes 20,1-2	03/898-09/945	Jes 25,1-5	09/1563-04/1611
Jes 15,1-16,6	03/280 -10/327	Jes 20,3-6	09/945-04/993	Jes 25,6-8	04/1611-10/1658
Jes 16,7-14	10/327-04/375	Jes 21,1-5	04/993-10/1040	Jes 25,9-11	10/1658-04/1706
Jes 17,1-3	04/375-11/422	Jes 21,6-10	10/1040-05/1088	Jes 26,1-10	04/1706-11/1753
Jes 17,4-6	11/422-05/470	Jes 21,11-12	05/1088-11/1135	Jes 26,11	11/1753-05/1801
Jes 17,7-11	05/470-12/517	Jes 21,13-15	11/1135-06/1183	Jes 26,12-19	05/1801-12/1848
Jes 17,12-14	12/517-06/565	Jes 21,16	06/1183-12/1230	Jes 26,20-21	12/1848-06/1896
Jes 18,1-3	06/565-12/612	Jes 22,1-13	12/1230-07/1278	Jes 27,1	06/1896-12/1944
Jes 18,4-7	12/612-07/660	Jes 22,14-25	07/1278-01/1326	Jes 27,2-6	12/1944-07/1991
Jes 19,1-15	07/660-01/708	Jes 23,1-14	01/1326-07/1373	Jes 27,7-11	07/1991-01/2039
Jes 19,16-17	01/708-08/755	Jes 23,15-18	07/1373-02/1421	Jes 27,12	01/2039-07/2086

Durch die Stativfunktion eröffnet sich der Blick auf eine Weltmacht, die aus verschiedenen Blickwinkeln heraus erfasst werden kann. Die sieben Wehe Rufe lokalisieren 1. das Jahr der Endeckung durch Christoph Kolumbus und erfassen 2. die Zeit bis zur Gründung der USA. Als Anhang der *Jesaja-Apokalypse* 24-27 entfaltet sich weiter in 26 Wochen-Abschnitten ein Profil der letzten großen Weltmacht vom US-Bürgerkrieg 1861-1865 bis in unsere Gegenwart.

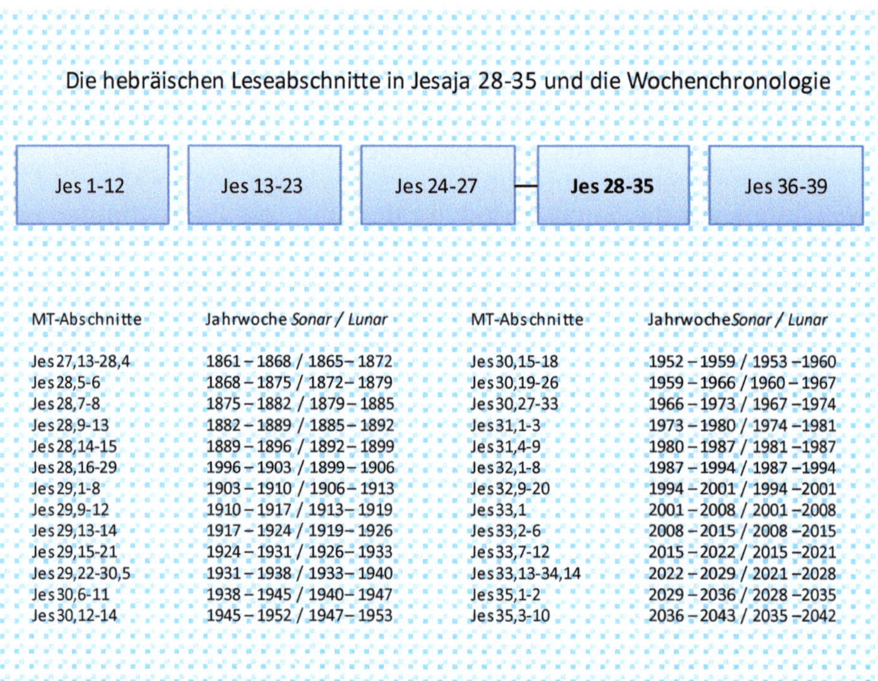

MT-Abschnitte	Jahrwoche *Sonar / Lunar*	MT-Abschnitte	Jahrwoche *Sonar / Lunar*
Jes 27,13-28,4	1861 – 1868 / 1865 – 1872	Jes 30,15-18	1952 – 1959 / 1953 – 1960
Jes 28,5-6	1868 – 1875 / 1872 – 1879	Jes 30,19-26	1959 – 1966 / 1960 – 1967
Jes 28,7-8	1875 – 1882 / 1879 – 1885	Jes 30,27-33	1966 – 1973 / 1967 – 1974
Jes 28,9-13	1882 – 1889 / 1885 – 1892	Jes 31,1-3	1973 – 1980 / 1974 – 1981
Jes 28,14-15	1889 – 1896 / 1892 – 1899	Jes 31,4-9	1980 – 1987 / 1981 – 1987
Jes 28,16-29	1996 – 1903 / 1899 – 1906	Jes 32,1-8	1987 – 1994 / 1987 – 1994
Jes 29,1-8	1903 – 1910 / 1906 – 1913	Jes 32,9-20	1994 – 2001 / 1994 – 2001
Jes 29,9-12	1910 – 1917 / 1913 – 1919	Jes 33,1	2001 – 2008 / 2001 – 2008
Jes 29,13-14	1917 – 1924 / 1919 – 1926	Jes 33,2-6	2008 – 2015 / 2008 – 2015
Jes 29,15-21	1924 – 1931 / 1926 – 1933	Jes 33,7-12	2015 – 2022 / 2015 – 2021
Jes 29,22-30,5	1931 – 1938 / 1933 – 1940	Jes 33,13-34,14	2022 – 2029 / 2021 – 2028
Jes 30,6-11	1938 – 1945 / 1940 – 1947	Jes 35,1-2	2029 – 2036 / 2028 – 2035
Jes 30,12-14	1945 – 1952 / 1947 – 1953	Jes 35,3-10	2036 – 2043 / 2035 – 2042

Auf diese Weltmacht wird in Jesaja 13 aufmerksam gemacht und es stellt sich von selbst die Frage, ob auch hier weitere chronologische Zuordnungen verborgen sind? Die Absatz-Chronologie von Abraham bis Jesus in 1-12 und weiter bis zu uns 13-27 sind an sich schon eine Sensation! In 1-12 konnten zusätzlich Funktionen über Wehe Rufe und Kehrreime entdeckt werden, d. h. es treten zwei Zeugen auf. In den 3 x 14 Abschnitten die auf 3 x 14 Abschnitten folgen (Mat 1,17) kann auch eine Rückläufigkeit ausgedrückt sein. Sechs Siebener von Abraham bis ins 1. Jhd. würden als eingeräumte Zeit ihrem Verbrauch entgegengehen. So ist die Zeit des Erscheines Jesu als notwendig begründet, um 2 Siebener (14 x 365) abzuschließen!

Jesaja 13,1-14,2

Der Abschnitt 13,1-14,2 öffnet die sogenannten Fremdvölkerorakel mit einer Überschrift, in der sich Jesaja noch einmal vorstellt (1,1). Die Wissenschaft sieht im Abschnitt ein bereits gestürztes Babylon und folglich einen späteren Autor am Werk. Eine Apokalypse Gottes im Gefüge einer Jubiläen-Weissagung entzieht sich ihrer Kenntnis.

„Dem Verfasser von 13 selbst hat nicht einfach aus der Sicht Israels und seiner Demütigung durch Babel, sondern im Blick auf die Völkerwelt und ihr Seufzen unter der Weltherrschaft geschrieben; ihm geht es um das Ende der Gewaltherrschaft überhaupt, nicht einfach um die Wiederherstellung Israels."[4]

Die Überschrift 13,1 *Ausspruch über Babel* (§) führt drei Abschnitte bis 14,27 an. Die Überschrift in 14,28 eröffnet einen neuen Bereich und datiert im Todesjahr des Ahas. Zurzeit Jesajas konnte sich Babylon von Assyrien zeitweilig unabhängig machen und diplomatische Beziehungen zum König Hiskia aufbauen. Es war noch offen, ob sich Babylon weiter gegen Assyrien behaupten könne. Zeitgenossen werden deshalb beim Ausspruch über Babel 13,19-22 an deren Untergang gedacht haben. Doch Assyriens Sieg über Babylon und dessen Verwüstung werden mit diesem Wort nicht angesprochen.

Verändert eine Fortschreibung in 14,1-2 die Wirkung von 13,1-22? Sie macht aus Jes 13, dem Gericht über Babylon, eine anscheinend erfüllte Weissagung. Die Stadt sollte von den Medern gewaltsam und brutal vernichtet werden, was zurzeit Jesajas nicht der Fall war. 539 gewinnen die Meder zwar die Stadt, doch ohne Zerstörung. Die Tore standen offen. Kyros gelang eine Reichsübernahme und er residierte mit seinem Sohn Kambyses II. (Ahasverus) im Sommer in Susa, im Winter in Babylon. Sie wurden durch Darius I. ersetzt, und hier kam es zu der entscheidenden Wende, die in 14,1-2 angesprochen wird: Darius heiratete Ahasverus frühere Frau Atossa, die Hadassa (Esther) der Bibel, und ihr gemeinsamer Sohn Xerxes übernahm entgegen der Thronfolge das Reich. *Und sie führen gefangen weg, die sie gefangen nahmen. Sie herrschen über ihre Bedrücker* 14,2.[5] Eine Gesetzesänderung für des Königs zweite Frau Atossa hat sich in Keilschrifttexten erhalten.

---

[4] BKAT X 2, Hans Wildberger: *Jesaja 13-27*; 1989, Seite 508
[5] Harald Schneider: *Die Flut im Lebensraum der Menschheit*; 2024, S. 159ff

Ohne eine Fortschreibung müsste 14,1-2 zukünftig sein: Es geht um Jakob/Israel, nicht um Juda. Ein Staat Israel wurde 1948 gegründet.

Jes 13
1 Ausspruch über Babel, den Jesaja, der Sohn Amoz geschaut hat.
2 Auf kahlem Berg erhebt ein Signal, ruft ihnen mit lauter Stimme zu, winkt mit der Hand, dass sie in die Pforte der Freiwilligen eingehen.
3 Ich habe entboten meine Geweihten, gerufen zu meinem Zorn meine Helden, meine stolz Frohlockenden.
4 Horch! ein Getöse auf den Bergen, wie von einem großen Volk. Horch! ein Tosen von Königreichen, von Nationen: JHWH der Heere mustert ein Kriegsheer.
5 Sie kommen aus fernem Land, vom Ende des Himmels, JHWH und die Werkzeuge seines Grimms, um das ganze Land zu verderben.
6 Heult, JHWHs Tag ist nah! Er kommt wie eine Verwüstung vom Allmächtigen.
7 Darum werden alle Hände erschlaffen und jedes Menschenherz zerschmelzen.
8 Und sie werden bestürzt sein, Wehen und Schmerzen sie ergreifen und sich winden wie eine Gebärende. Einer starrt zum anderen, ihre Angesichter glühen.
9 Siehe, der Tag JHWHs kommt grausam, Grimm und Zornglut, um die Erde zur Wüste zu machen und ihre Sünder wird er von derselben vertilgen.
10 Denn die Sterne des Himmels und seine hell Strahlenden halten ihr Licht zurück. Die Sonne geht finster auf, und der Mond lässt sein Licht nicht scheinen.
11 Ich ahnde am Erdkreis die Bosheit und am Gesetzlosen ihre Schuld. Und ich beende dem Hochmut der Stolzen und erniedrige den Übermut der Tyrannen.
12 Ich mache den Sterblichen kostbarer als Feingold, und die Menschen als Gold von Ophir.
13 Darum erbebt der Himmel und die Erde erbebt von ihrer Stelle beim Grimm JHWHs der Heerscharen und am Tag seiner Zornglut.
14 Und wie mit verscheuchten Gazellen und gleich einer zersprengten Herde sucht jeder sein Volk und jeder flieht in sein Land.
15 Der Vorgefundene wird durchbohrt und der Aufgegriffene fällt durchs Schwert.
16 Und ihre Kinder werden vor ihren Augen zerschmettert, ihre Häuser geplündert und ihre Frauen geschändet.
17 Siehe, ich erwecke gegen sie die Meder, die Silber nicht achten und an Gold kein Gefallen haben.
18 Die Bogen der jungen Männer werden zerschmettert und zur Leibesfrucht sind sie unbarmherzig und ihr Auge sind mit den Kindern nicht mitleidig.
19 Und ergehen wird es Babylon, der Königreiche Zierde, der Chaldäer Pracht wie Sodom und Gomorra.
20 Nie wieder wird es bewohnt sein, nie besiedelt von Generation zu Generation und kein Nomade wird dort zelten, und kein Hirte dort Herden lagern lassen.
21 Nur Wüstentiere werden dort lagern, und ihre Häuser voller Uhus sein, und Strauße werden dort wohnen und Böcke ihren Tanz halten.
22 und wilde Hunde heulen in seinen Palästen und Schakale in den Schlössern ihrer Lust. Ihre Zeit steht nahe bevor, und ihre Tage werden nicht verlängert.
Jes 14
1 [Denn JHWH wird sich Jakob erbarmen und Israel noch erwählen, und sie in ihr Land setzen. Der Fremde schließt sich ihnen an, gesellt sich zum Haus Jakob.]
2 [Völker nehmen sie und bringen sie an ihren Ort, und das Haus Israel wird sie zu Knechten und zu Mägden machen im Land JHWHs. Und sie führen gefangen weg, die sie gefangen wegführten, und herrschen über ihre Bedrücker.]

Die chronologische Erfassung des Jesaja Buches in Jubiläen kennzeichnete in den vorangegangenen Abschnitten Jesu Geburt (11,10) und den zweiten Loskauf eines Rests, der Christenversammlung (11,11-12,6). In diesem Abschnitt schaut Jesaja das anschließende Jubiläum mit dem Bar-Kochba-Aufstand als seinen Höhepunkt.

Die Ordnung der 3 x 14 Abschnitte in Jesaja 1-12 wurde bereits von Jesus seinen Jüngern mitgeteilt und von Matthäus verschlüsselt als Generationen eingetragen (Mat 1,17). Diese Ordnung (3 x 14) setzt sich in Jesaja 13-27 fort und schaut die Jubiläen bis in unsere Zeit, wenn das eigentliche Babylon, Babylon die Große fällt (Apk 17-18).

13,2 Auffällig wird ein Signal auf einem kahlen Berg, ein Schreien und ein Schwingen der Hand hervorgehoben. Der Tempelberg wurde 70 u. Z. zu einem kahlen Hügel und die laute Stimme kam von Bar Kochba, dem Sohn des Sternes 132-135 u. Z. zum Jubiläumsende. Dieser Stern, eine Jupiter-Saturn Konjunktion, wurde schon zurzeit der Geburten vom Täufer Johannes und von Jesus als Legitimation aufgefasst (Mat 2,2.7.10; Luk 1,79).[6] 13,3 Die Geweihten Gottes, alles Söhne Israels, wurden gerufen zu seinem Zorn. Diese stolzen Helden sind in einer Euphorie. 13,4 Gott fordert sie zum Hören auf. Auf den umliegenden Bergen platzieren sich die Heere der Nationen. 13,5 Nationen aus der Ferne sind JHWHs Werkzeuge des Grimms, um das Land zu verderben. Die Perspektive von 13,3 wechselt. 13,6 Heult, denn JHWHs Tag ist nah, Verwüstung wie vom Allmächtigen. 13,7-8 Ihre Motivation schwindet und Bestürzung gleich den Wehen einer Gebärenden ist ihren Gesichtern abzulesen. 13,9 Dieser Vers hat mit Zeph 1,18; 2,2 enge Berührungspunkte. Sieht Jesaja bereits diesen Tag gekommen? 13,10 Ein regelrechtes Spiel mit verdeckten Zeitangaben ist in den Worten: Sterne halten zurück – Sternzeiten?; und seine Orione halten zurück – Weltherrschaften entziehen ihre Unterstützung?; Sonne geht finster auf – Sonnenzeit startet düster, und sind die Mondzeiten außer Reichweite? Von der Saturn-Jupiter-Konjunktion als real sichtbares Zeichen am Himmel ging keine Wirksamkeit für Israel aus und die Mehrzahl vom Orion als kriegerisches Sternzeichen nimmt wohl den Platz für diese vereinten Planeten ein!

13,11-22 hat mit den Bar-Kochba-Aufstand und dem Untergang von Juda als Gericht nichts mehr gemein. Sie sind allein *über Babel* bestimmt, der Weltmacht am Ende der Tage.

---

[6] Harald Schneider: *Die Ordnung der vier Evangelien*; 2015/2020, Seite 19ff

§ Die Überschrift 13,1 *Ausspruch über Babel* spricht vom Tag JHWHs bis 2039, denn die Orione in 13,10 stehen für Regierungen, die Babylon ihre Unterstützung entziehen. Wenn die Sonne finster aufgeht bestehen zu Beginn neuer Sonnenzeiten 2022 düstere Bedingungen. Wenn der Mond sein Licht nicht scheinen lässt, vergeht die Wirkung der seit Ablauf der Mondzeiten 1869 vorherrschenden Mächte. Die Zeiten Babylons sind somit bereits abgelaufen.

13,11 Die Heimsuchung des Bösen trägt hier universalistische Züge. 13,12 Menschen werden bald kostbarer wie feinstes Gold sein, was heute nicht wirklich der Fall ist, denn Geld regiert die Welt. 13,13 Die ganze Erde wird erbeben. Die Nähe von 13,13 zu Zeph 3,8 lässt wie bei 13,9 an den großen Tag JHWHs denken, der bereits in 13,6 benannt ist. 13,14 Wie aufgescheuchtes Wild ziehen sich alle in ihre Gebiete zurück, wie die Auflösung einer Allianz. 13,15-16 zeigen den Umgang mit den Bewohnern und den Flüchtigen. 13,17 Die Meder, die Gold und Silber nicht achten (Menschen 13,12 oder Geld) eröffnen den Untergang Babylons. 13,18 Die Abwehr- und Angriffswaffen werden zerschmettert, was auf überlegene Waffensysteme schließen lässt. Auf Menschenleben wird keinerlei Rücksicht genommen. 13,19 Es wird ein Szenario wie bei Sodom und Gomorra werden. 13,20 Eine Unbewohnbarkeit gehört zu den unmittelbaren Folgen. 13,21-22 Tiere holen sich die Stadt Babylon zurück. *Ihre Zeit steht nahe bevor, und ihre Tage werden nicht verlängert.* Hier wird das schnelle, endgültige Aus von einem Babylon heute angesprochen!

Vergleich: Babylon im 1. Siebener – Babylon im 2. Siebener
Das antike Babylon erfuhr bereits nach 66 ½ Jahren seit Nebukadnezar Vorherrschaft über die Nationen den Machtwechsel, 3 ½ Jahre vor den angesagten 70 Jahren Jeremias (Dan 5,26-28; Jer 25,11). Aus diesen 3 ½ Jahren wurden jedoch 3 ½ Jahrwochen, sodass im 3. Jahr Kyros von zusätzlichen 21 Tagen bzw. 3 Wochen gesprochen werden konnte (Dan 10,1.3.13). Der Fokus wechselte: Jerusalems Zerstörung wurde zum Ausgangspunkt der 70 Jahre bis zum Tempelneubau, der für Daniel in eine greifbare Nähe rückte (Dan 9,1-2.21.24; Jer 29,10). *Damals wurden Tage verlängert.*

Ein vorgezogenes Aus erlebte auch Donald Trump, als er bei seiner angedachten Wiederwahl 11/2020 abgeschlagen wurde. Corona hatte ihm einen Strich durch die Rechnung gemacht (Hab 3,5.12.13). Das war noch vor dem Ende der Sieben Sonnenzeiten 2022 (bis max. 2023). Das offizielle Besatzungsende der Bundesrepublik Deutschland war am 05.05.1955 und deren NATO-Beitritt ging dem Jahr seines Widerstandes 66 ½ Jahre voraus. Wie das Menetekel als sexagesimaler Zahlenwert 60/6/½ Jahre abbildet, so verraten die 666 in Apk 13,18 in einem anderen Zahlensystem 60J+6J+6M.

Jesaja 14,3-23

Der Abschnitt 14,3-13 ist die Fortsetzung von Abschnitt 13,1-14,2 und spottet über den Sturz von Babylon und seiner arroganten Führung, der *wie ein zertretener Adler* 14,19 geschlagen werden wird.

Jes 14

3 [An dem Tag, an dem JHWH dir Ruhe schafft von deiner Mühsal und von deiner Unruhe und von dem harten Dienst, den man dir auferlegt hat,

4 da wirst du dieses Spottlied anheben und sagen:] Wie hat aufgehört der Bedrücker, aufgehört die Erpressung.

5 Zerbrochen hat JHWH den Stab der Gesetzlosen, den Herrscherstab,

6 der Völker schlug im Grimm mit pausenlosen Schlägen, Nationen niedertrat im Zorn mit schonungsloser Verfolgung.

7 Es ruht, es rastet die ganze Erde, man bricht in Jubel aus.

8 Auch die Wacholderbäume freuen sich über dich, die Zedern des Libanon: "Seit du daliegst, kommt der Fäller nicht mehr herauf, um uns abzuhauen."

9 Der Scheol unten geriet in Aufruhr, um deinem Erscheinen zu begegnen, stört deinetwegen die Schatten auf, alle Leitböcke der Erde, schreckt von ihren Thronen auf, alle Könige der Nationen.

10 Sie alle heben an und sagen zu dir: "Auch du bist kraftlos geworden wie wir, bist uns gleich geworden!"

11 In den Scheol ist deine Herrlichkeit gestürzt, der Klang deiner Harfen. Maden sind dein Lager und Würmer sind deine Decke.

12 Wie bist du vom Himmel gefallen, strahlender Stern, Sohn der Morgenröte, wie zur Erde geschmettert, du Bezwinger der Nationen!

13 Du dachtest bei dir: "Zum Himmel steig ich auf, hoch über Gottes Sterne erheb ich meinen Thron, setze mich auf den Versammlungsberg im hohen Norden.

14 Ich steig auf Wolkenhöhen, mache mich dem Höchsten gleich."

15 Doch in den Scheol wirst du gestürzt, in die tiefste Grube.

16 Wer dich erblickt, betrachtet dich scharf und sieht dich genau an: "Ist das der Mann, der die Erde erregte, Königreiche erbeben ließ?

17 Er hat den Erdkreis zur Wüste gemacht und dessen Städte niedergerissen, der seinen Gefangenen sein Haus nicht öffnet.

18 Alle Könige der Nationen liegen mit Ehren, jeder in seinem Haus.

19 du aber bist hingeworfen, hast kein Grab, wie eine verabscheute Fehlgeburt, bedeckt mit Erschlagenen, Schwertdurchbohrte, die zu den Steinen der Grube hinabgefahren sind, wie ein zertretener Adler.

20 Für dich gibt es keine Vereinigung, denn dein Land hast du zugrunde gerichtet, dein Volk gemordet. Dieses Geschlecht von Frevlern bleibt für immer unerwähnt.

21 [Bereitet seinen Söhnen die Schlachtung für die Väterschuld! Sie sollen nicht aufstehen und die Erde in Besitz nehmen und den Erdkreis mit Städten füllen.]

22 [Und ich werde gegen sie aufstehen, spricht JHWH der Heerscharen, und werde von Babel ausrotten Namen und Rest, Sohn und Stamm, spricht JHWH.

23 Ich werde es zum Besitz der Igel machen und zu Wassertümpeln, und ich fege es weg mit dem Besen der Vernichtung, spricht JHWH der Heerscharen.]

Verändert eine Fortschreibung in 14,3-4a.21 die Wirkung ab 14,4b? Durch die Ansprache in 14,3 werden die mutmaßlich Betroffenen ins Blickfeld gerückt, von denen es heißt, dass sie nach einem *harten auferlegten Dienst* der *Unruhe* in die *Ruhe* wechseln konnten und sie deshalb 14,4a *dieses Spottlied anheben* würden. Der folgende Text 14,4b-20 ist in eine selten gleichmäßige Metrik in Fünfern geordnet und erscheint so als eine Einheit. 14,21 ist nach einigen angehängt. Die *Ruhe* in 14,3 wird dadurch abgesichert, dass sie *seinen Söhnen die Schlachtung bereiten für die Väterschuld*, um eine Fortsetzung ihrer Dynastie als Weltenherrscher auszuschließen. Gesucht wird somit nach einem Tyrannengeschlecht, dass nach einem auferlegten Dienst restlos ausgerottet wird. „Die Ratlosigkeit der Forschung in dieser Hinsicht ist tatsächlich eklatant."[7] Die Vermutungen reichen von Sargon, Sanherib, Assuruballit II., Nebukadnezar und Nabonid bis zu Alexander dem Großen. Eine berücksichtigte Rückkehrverzögerung Judas (Siehe Oben: Vergleich Babylon 7/7) lässt Kyros und Kambyses nicht gut aussehen! Kyros kam *in seinem 9. Jahr* bei einem Tempelraub ums Leben und sein Sohn und Mitherrscher Kambyses II. (der biblische Ahasverus) versuchte in seinem *12. Jahr als König* das Volk der Juden auszurotten. Die Situation konnte zwar umgekehrt werden, sodass die Juden über ihre Feinde im ganzen Reich triumphierten, doch waren sie immer noch nicht in ihrer Heimat, obwohl es ihnen Kyros schriftlich zugesagte – *die Väterschuld*. König Ahasverus ging daran, dem Land und den Inseln des Meeres Zwangsarbeit aufzuerlegen (Est 10,1) in seinem Ägyptenfeldzug – *ein harter Dienst*. Dort verlor Kambyses einen Großteil seiner Armee im Sandsturm und er soll (laut Herodot) sich selbst verletzt haben und starb auf dem Rückweg und sein Bruder starb auf seinen Befehl, spätestens jedoch bei der Ankunft von Darius, seinem Lanz Knecht. So enden die, die *aufstehen um die Erde in Besitz zu nehmen* 14,21. Kambyses II. findet keine namentliche Erwähnung. In Daniel ist er einfach übersprungen worden (Dan 5,30.31). Mit seinem Titel Ahasverus verbindet sich Verfolgung (Esr 4,6), Drangsal (Est 3,10) und das Streben nach Weltherrschaft (Est 10,1). Sein Ruf, *den Gefangenen den Heimweg nicht zu öffnen* erscheint in 14,17b bestätigt. So wurde es nach Darius Machtübernahme und seiner Unterstützung des Tempelbaus sowie aufgrund seiner Ehe mit Atossa und durch ihrem Sohn Xerxes möglich, 14,1-2 und 14,3-4a.21 einzutragen!

---

[7] BKAT X,2 Hans Wildberger: *Jesaja 13-27*; 1989, Seite 543

Durch 14,3.4a.21 wurde 14,4b-20 zu einer Weissagung über Israel, wie bereits 13,1-22 durch 14,1-2 zu einer erfüllten Weissagung über Babylon wurde. Diese Zusätze sind Textdeutungen aus Xerxes Zeit! Sie sind zur Aufklärung der damaligen Situation sehr hilfreich, versperren aber den Blick auf eine noch nicht erfüllte Weissagung über Babylon, dem Symbol für Weltherrschaft im Widerstand gegen Gott (Gen 10,8-10a). Aussagen aus christlicher Zeit über ein Babylon großen Formats machen diese Ansicht plausibel (Apk 17,5; 18,4).

Handelt es sich bei 14,22-23, wie viele annehmen, um einen Zusatz? Die Worte wollen eine Verbindung zum Spruch über Babylon herstellen und setzten somit eine Kenntnis von 13,1-22 voraus, nicht aber von 14,1-2. Nun erscheint es aber legitim, das Gericht an einer Stadt und deren Führung durch einen Unheilspruch miteinander zu verbinden. Die Ausrottung von *Namen, Rest, Sohn und Stamm* vermittelt ein Bild von der Gründlichkeit, mit der Babylons Personal vernichtet wird. Wenn die Stadt zum Besitz vom Stachelschwein werden soll, ist das ein Bildvergleich, der auf die Eigenart des Tieres abhebt. Das Stachelschwein kann seine Stacheln abschießen, der Igel sich in seinen Stachelpanzer einrollen. Schilfteiche können auch Baumaterialien für den Schiffsbau ansprechen. *Der Besen der Vernichtung fegt es weg,* wieder ein Bild mit Binsen für eine Reinigung. Auch in Jes 34,11-13 werden Tiere und mangelndes Personal mit der Verödung einer Stadt/Land (Edom) verbunden.[8] Die Bündelung übt eine weitere Funktion auf den Kontext 14,24-27 aus. Nach dem dreifachen *spricht JHWH* in 14,22-23 folgt der Schwur in 14,24.

In diesem Jubiläum zeigen sich unter Mark Aurel ein wankendes Imperium. Die Parther dringen in die armenischen und syrischen Provinzen ein und germanische Stämme konnten bis nach Oberitalien vordringen. In Britannien und in Ägypten mussten römische Truppen Aufstände niederschlagen und in Spanien überschritten die Mauren die Grenze. Der Philosoph und Kaiser Aurel konnte zwar alle diese Kriege gewinnen, doch beginnt zu seiner Zeit der Niedergang des Römischen Reiches. Er stirbt am 17.03.180 in Wien an der Pest.

---

[8] Harald Schneider: *Das Zwölf-Propheten-Buch*; 2023, S. 302. Zep 2,13-15 über Ninive: „Der Pelikan ist wegen seiner Schnabelform als Bildvergleich für die Fähigkeit einer heutigen „Logistik der Lüfte" geeignet, das Stachelschwein für eine Vielzahl von Geschossen, heute bis hin zu atomaren Waffen. Die Eule ist ein Jäger der Nacht mit Augen, die rundum auskundschaften. Der Rabe auf der Schwelle steht für einen Angriffskrieg."

In 14,4b wird eine Wende angezeigt, die auf ein schwächelndes Rom bezogen werden kann. 14,5 In immer mehr Gebieten wird die Herrschaft gebrochen. 14,6 Rom, das alle Provinzen ausgebeutet hatte, geht in gewissem Sinne die Luft aus. 14,7 Rom erlebt einen Stillstand und die zunehmende Entspannung lässt die Erde in Jubel ausbrechen. 14,8 Der Waldbestand vom Libanon erholt sich, weil er nicht weiter ausgebeutet wird. 14,9 Alle todgeglaubten Leitböcke der Erde werden nun erweckt und werden zu Roms Widersachern. 14,10 Sie sehen einen abgeschlagenen vor sich, der wie vormals sie nun kraftlos geworden ist. 14,11 Seine Herrlichkeit ist ins Grab gestürzt, mitten ins Gewürm, was eine Auflösung des Reiches bewirkt.

§ Ab 14,12 nimmt die Beschreibung universalistische Züge an und Merkmale können nicht mehr der Zeit von 137-185 zugeordnet werden, weil das römische Reich unter Mark Aurel zwar zu Fallen begann, aber kein expliziter Fall eines Weltherrschers stattfand. Ein chronologischer Hinweis bietet der Titel *Sohn der Morgenröte* als zeitliche Zuordnung vor einen Sonnenaufgang. Die Woche als Siebener in Jahrjahren kennt zwischen dem Ende von Mond- und Sonnenzeiten eine Übergangszeit, die mit Heuschrecken in Verbindung gebracht wird, als wenn eine Kluft übersprungen werden müsste. Diese Kluft betrug im ersten Siebener ~75 Jahre und steigerte sich im zweiten Siebener auf ~150 Jahre. Auch ein Sohn der Morgenröte ist in einem ähnlichen Bereich vor dem Sonnenaufgang zu suchen. Infrage kommen danach das neubabylonische Reich und die ab 1865 wiedervereinigten Staaten von Amerika. Ein *strahlender Stern* kann ein besonders erfolgreicher Herrscher sein, auf den das Reich begründet ist oder der vor dem Ende eine entscheidende Rolle spielt. Sicher ist der Gegenstand der Weltherrschaft vor seinem Sturz. In 14,13 wird seine Motivation beschrieben: Er will *über Gottes Sterne im Himmel seinen Thron erheben* und mit Sitz auf dem Versammlungsberg im hohen Norden 14,14 sich *dem Höchsten gleich machen*, wie die Herrschaft des Menschenähnlichen in Dan 7,13-14. Im neubabylonischen Reich war *Nebukadnezar* der *strahlende Stern* all seiner Nachfolger und noch unter Darius I. benannten sich zwei Aufständische nach ihm. Selbst Belsazars Vater Nabonid wird als der *Nebukadnezar* verschriftet (Dan 5,13.18), obwohl er als Schwiegersohn nach Ewil-Merodach und Nergal-Sharusur auf dem Thron kam und von seinem eigenen Sohn Belsazar in Babylon vertreten wurde, als er 10 Jahre in der Oase Teima war, 7 Jahre davon krank (4Q252). Dem Babylon in beiden Siebenern treten wir über die Metrik näher:

Metrik, auch ein chronologischer Ansatz? (Teil 1/2)

Das Lied vom Tod des Weltenherrschers ist als eine Leichenklage verfasst, die nicht als Trost sondern als Spottlied ausgeformt wurde. Die Metrik besteht konsequent im Qina-Vers, dem Fünfer. Geringe Abweichungen davon lassen sich leicht aufklären. In 5a steht JHWH, der im übrigen Gedicht nicht vorkommt. In 9a.10a.12 sind Doppelbetonungen und in 16b-19 sind behebbare Unregelmäßigkeiten.

Vers	Metrik	Lunar	Sonar	Aufschlüsselung nach den Jahrwochen
4b	5	1791	1784	1789 erster Präsident (Stativ: 1777-1801)
5	5+JHWH	1798	1791	
6a	5	1805	1798	
6b	5	1812	1805	
7	5	1819	1812	
8a	5	1824	1819	
8b	5	1831	1826	
9a	5+	1838	1833	
9b	5	1845	1840	
9c	5	1852	1847	
10a	5+	1858	1854	
10b	5	1865	1861	US-Bürgerkrieg
11a	5	1872	1868	
11b	5	1879	1875	
12a	5	1885	1882	
12b	5-	1892	1889	
13a	5	1899	1896	
13b	5	1906	1903	
13c	5	1913	1910	
14	5	1919	1917	Kriegseintritt der USA
15	5	1926	1924	
16a	5	1933	1931	(Flügel)
16b	5+	1940	1938	
17a	5	1947	1945	Kriegsende
17b18a	5	1953	1952	
18b	5	1960	1959	
19a	5	1967	1966	
19b-	5	1974	1973	
19c-	5	1981	1980	
20a	5	1987	1987	
20b	5	1994	1994	
21a	5	-2001	-2001	
21b	3			
21c	3			
22a	5JHWH	2001	2001	Anschläge auf das WTC und das Pentagon
22b	4+3JHWH	2008	2008	
23a	4	2015	2015	
23b	3+3JHWH	2021	2022	Ende der sieben Sonnenzeiten

Die Fünfer zählen in Wochen vom US-Bürgerkrieg aus zurück zu den Gründungszeiten und voran bis 2001 (14,4b-20). Sind 14,22-23 als ursprünglich vier Fünfer zu werten, wird ohne 14,21 das Jahr 2029 erreicht. Doch was hat es dann mit 14,21 auf sich? Da 14,21 in die Zeit von Kyros c/o Kambyses passt, ist von einer Nachricht am Ende des ersten Siebeners auszugehen, die im Machtwechsel die Erfüllung sah. Demgegenüber schließt 14,22-23 den zweiten Siebener ab.

Die Suche nach einer ebenbürtigen Chronologie in der Antike stößt auf eine Überraschung. In Sachen Weltherrschaft sind natürlich Assyrien gefolgt von Babylon im Fokus. Doch war, was heute schwer zu durchschauen ist, auch Israel (das Nordreich) als Weltherrscher Nominiert, wurde aber abgeschlagen, als Ninive auf Jona hörte. Um die Erfassbarkeit leicht zu machen, beginnen wir mit einer totalen Sonnenfinsternis am 15.06.763, ein Ereignis das nur alle 400 Jahre vorkommt. Ohne ein solches Ereignis wäre ein Prophet aus Israel in der assyrischen Hauptstadt nicht weit gekommen, denn die Sonne war mit der Herrschaft des assyrischen Königs eng verbunden und ihre Finsternis konnte des Königs Untergang bedeuten. Jonas Ausruf: *Nur 40 Tage bis Ninive untergeht* fand nach dieser Sonnenfinsternis statt. Wie aus Jona hervorgeht, wurde die Reue der Niniviten von Gott angenommen und das Unglück von der Stadt abgewendet, doch traf es 40 Jahre nach Jonas *drei Tagesreisen*/Jahren Israel, das Unterging. Jona verschwand, wenn auch nur bildlich, drei Tage im Bauch des großen Fisches Assyrien, bis dieser nach drei Jubiläen mit seinem Untergang 612 den Propheten sozusagen wieder ausspukte (Jon 3,3-4).[9] Die Sonnenfinsternis läutete einen Machtwechsel ein, der verschoben wurde. Von 763 an deuten die 32 Qina-Verse in Wochen auf das Jahr des Machtwechsels 539! Die Fünfer laufen bis einschließlich 21a und erst dann folgen zwei Dreier. *Den Söhnen für die Väterschuld die Schlachtung zu bereiten*, passt so punktgenau auf Belsazar (Dan 5). 14,21 spricht ja explizit von Babylon und an dieser Sonnenfinsternis hängt auch die assyrische Chronologie bis 911. Die folgenden zwei Dreier stehen für zwei halbe Siebener, denn mit den 66 ½ Jahren bis zum Menetekel bleiben 3 ½ Jahre bis zu den 70, ein halber Siebener. Hier endeten die ersten sieben Sonnenzeiten. Eine Rückkehr nach Judäa fand nicht sofort sondern zurzeit Darius statt und wurde unter außergewöhnlichen Bedingungen erkämpft: Esther Königin; Kyros Tod; Purim; Kambyses Ägyptenfeldzug & Tod.

---

[9] Harald Schneider: *Das Zwölf-Propheten-Buch*; 2023, Jona, Seite 134-154

Obwohl von großen Befreiungstaten gesprochen werden kann, hatten die damaligen Juden erhebliche Probleme mit der Rettung durch eine Frau. Esther wird entweder ausgeblendet (Daniel/Esra) oder in einem Drama hinter die Weisheit geordnet (3Esra) oder als Jägerin negiert (Oden Salomos). Der Söhne Xerxes & Artaxerxes Herrschaft an Stelle der Väter und der Harem unter Esther fanden Anklänge in den Psalmen. Das Buch Esther fand zuletzt Eingang in den Kanon.

Vers	Metrik	Lunar	Sonar	Aufgeschlüsselt nach Jahrwochen
4b	5	763	763	Totale Sonnenfinsternis 15.06.763
5	5+JHWH	756	756	
6a	5	749	749	
6b	5	743	742	
7	5	736	735	
8a	5	729	728	
8b	5	722	721	Untergang Israels nach 3+40 Tagen/Jahren
9a	5+	716	714	
9b	5	709	707	
9c	5	702	700	
10a	5+	695	693	
10b	5	688	686	
11a	5	682	679	
11b	5	675	672	
12a	5	668	665	
12b	5-	661	658	
13a	5	654	651	
13b	5	648	644	
13c	5	641	637	
14	5	634	630	
15	5	627	623	
16a	5	621	616	Untergang Assurs/Ninives nach 3+3x49 T/J
16b	5+	614	609	
17a	5	607	602	
17b18a	5	600	595	
18b	5	593	588	
19a	5	589	581	
19b-	5	582	574	
19c-	5	575	567	
20a	5	568	560	
20b	5	562	553	
21a	5	553	546	*546 Sieben-Zeiten-Krise Nabonids*
21b	3	*546*	*539*	Machtwechsel in Babylon / Belsazars Tod
21c	3		4/535	70 Jahre über die Nationen / Siebener voll
22a	5JHWH		532	*532 Esther / 530 Tod Kyros / 527 Purim*
22b	4+3JHWH		525	*525 Feldzug 522 Tod Kambyses / Rückkehr*
23a	4		518	*70 Jahre über Tempel / 515 Einweihung*
23b	3+3JHWH		511	*bis 504. danach 26.03.503 Kalenderreform*

Die unscharfe Struktur ab 14,22b lässt uns nicht über den Ägyptenfeldzug des Kambyses 525 hinausblicken. Es hat allerdings den Anschein, als stehen die drei JHWH für Ereignisse: 1. das Purim im *12. Jahr als König*, 2. für die 70 Jahre über den Tempel (Sach 7,1.5) und 3. für eine Kalenderreform am 26.03.503, die als das *Tor des Herrn* (Ps 117,20[LXX]) im Psalmenkalender der Septuaginta deutliche Spuren hinterlassen hat.[10] Eine chronologische Weiterführung über 14,21 hinaus erscheint aber ohnehin nicht zwingend, denn die zwei Dreier erscheinen als Abschluss historisch geradezu notwendig.

§ In 14,15-20 wird der Niedergang des Weltenherrschers zelebriert. In 14,15 wird 14,11 wieder aufgenommen. Er wird ins Grab gestürzt und in 14,16.17 geben Betrachter seines Leichnams eine Rückschau auf die vom ihm verursachten Gräueltaten. 14,18.19 stellt die Ehre der verstorbenen Könige der Nationen der Verachtung für den Tyrannen gegenüber, der hingeworfen wird, wie eine Fehlgeburt. 14,20 Eine Vereinigung würde ausbleiben, weil er sein eigenes Land zugrunde gerichtet und sein Volk gemordet hat.

Entspricht die Beschreibung des Herrschers in 14,15-20 Nabonid c/o Belsazar? 14,15 Belsazar wurde über Nacht in den Scheol gestürzt, nachdem die Meder durch offene Tore in die Stadt eindrangen (Dan 5,30). 14,16 Belsazars Verfassung beim Anblick des Menetekels an der Palastwand schildert eine vergleichbare Verachtung (Dan 5,4.5). 14,17 *Die Erde zur Wüste gemacht* könnte auf den wirtschaftlichen Niedergang in den ersten Jahren des Nabonid anspielen. In Babylon gab es eine ernste Hungersnot und eine hohe Inflation. Sein Vorstoß nach Teima, einer Wüstenoase nahe dem heutigen Medina, galt der Erschließung neuer Handelswege, nachdem Handelsrouten im Norden weggefallen waren. Gefangene der Zeit Nebukadnezars waren nach wie vor fern ihrer ursprünglichen Heimat. 14,18.19 Eine Bestattung Belsazars oder Nabonids ist nicht bekannt. 14,20 Die mangelnde Vereinigung für Belsazar zeigte sich in den offengelassenen Toren zur Flussseite, sodass Truppen durch das niedrige Flussbett ungehindert in die Stadt eindringen konnten. Zum Vorwurf sein Land zugrunde gerichtet zu haben, siehe 14,17. Das dieses Geschlecht für immer unerwähnt blieb, könnte sich auch im späteren Rückbezug auf seinen großen Vorgänger Nebukadnezar ausgedrückt haben.

---

[10] Harald Schneider: *Die Flut im Lebensraum der Menschheit*; 2024, *Eine Woche der Kalenderumstellung*, Seite 171-172

Wie oben erwähnt, kommt für den *Sohn der Morgenröte* neben dem neubabylonischen Reich im ausklingenden ersten Siebener auch die Vereinigten Staaten von Amerika ab 1865 im zweiten Siebener infrage. Ein *strahlender Stern* d. h. ein besonders erfolgreicher Herrscher dieser Krisenzeit war Abraham Lincoln. Seine Betonung der politischen Einheit hallt bis in unsere Zeit hinein. Eine entscheidende Rolle spielte auch Franklin Roosevelt mit vier Amtszeiten sowie der jetzige Amtsinhaber Donald Trump, der vor Ende der Sonnenzeiten eine Amtszeit als *Sohn der Morgenröte* verzeichnen konnte. Das ist beachtlich, denn er käme als solcher nicht in Frage, wäre er 2025 erstmals als Präsident angetreten. Es steht jedem frei, weitere Präsidenten zur Disposition zu stellen. Abraham Lincoln wurde ermordet, doch wird man ihm seine Ehre nicht absprechen. Auch Franklin Roosevelt, der an einem Gehirnschlag verstarb, war in der Anti-Hitler-Koalition und wird als ein Reformer bis heute anerkannt. Donald Trump ist aus seiner ersten Amtszeit, die er nicht mehr aus der Hand geben wollte, schon hinreichend bekannt.

Mit Blick auf die aus der Metrik gewonnene Wochenchronologie von Jes 14,4b-20, wo Mond- und Sonnenzeiten im Stativ zurück bis in die Gründungzeit mit Georg Washington als ersten Präsidenten und nach vorne ins Jahr 2001 zeigen, wird man auch George W. Busch als *Sohn der Morgenröte* ins Auge fassen können. Er nutze die Anschläge vom 11.09.2001 auf das World-Trade-Center und das Pentagon, um einen Kampf gegen Schurkenstaaten (die Achse des Bösen) loszutreten. Es wurden Länder bekriegt, die nichts mit den Terroranschlägen zu tun hatten und die Bürgerrechte wurden sehr stark eingeschränkt. Nachwirkungen seiner Herrschaft sind bis heute zu verspüren, weil sein Krieg zu einem Kampf der Kulturen eskalierte. Deshalb ist auch er als der *strahlende Stern* ins Auge zu fassen! Da 14,21 dem ersten Siebener in Jahrjahren zuzuschreiben ist und in 14,22-23 nur 14,22a einen Fünfer hergibt, lässt sich von der Metrik her über die Amtszeit von George W. Busch nicht hinausblicken.

Die obige Annahme einer Weiterführung der Woche bis zum Ende des zweiten Siebeners für 14,22b-23 beruht auf dem Muster, dass beide Großraumzeiten um eine halbe Woche, bzw. eine Woche überschritten werden. Erst wenn dieser Schritt sicher ist, kommt der derzeitige Amtsinhaber in den Fokus. Auch der Abschnitt 14,24-27 geht auf die Weltherrschaftsthematik ein, weshalb der Eindruck einer Fortführung nicht von der Hand zu weisen ist.

Der Machtwechsel in der Metrik von 14,21 und das Ende der sieben Sonnenzeiten

Vers	Metrik	Lunar	Sonar	Aufgeschlüsselt nach Jahrwochen
21a	5	553	546	
21b	3	546	539	Machtwechsel an die Meder und Perser
21c	3	539	535	Ende der sieben Sonnenzeiten
		535	532	

Die Dreier in 21bc lassen sich leicht als halbe Siebener identifizieren. Anders verhält es sich mit 22b und 23a, die wie Fünfer gezählt sind:

Der Machtwechsel in der Metrik von 14,22f und das Ende der sieben Sonnenzeiten

Vers	Metrik	Lunar	Sonar	Aufgeschlüsselt nach Jahrwochen
22a	5^{JHWH}	2001	2001	Anschläge auf das WTC und das Pentagon
22b	$4+3^{JHWH}$	2008	2008	
23a	4	2015	2015	Machtwechsel
23b	$3+3^{JHWH}$	2021	2022	Ende der sieben Sonnenzeiten
		2028	2029	

Beziehen wir die Vierer auf 4 Jahre, müssten wir in 22b von 4 + 3 ½ Jahren und in 23a anstelle von vermuteten 7 von 4 Jahren sprechen:

Der Machtwechsel in der Metrik von 14,22f und das Ende der sieben Sonnenzeiten

Vers	Metrik	Lunar	Sonar	Aufgeschlüsselt nach Jahrwochen
22a	5^{JHWH}	7/2001	4/2001	Anschläge auf das WTC / das Pentagon
22b	4	4/2008	4/2008	
	3^{JHWH}	4/2012	4/2012	
23a	4	9/2015	10/2015	Machtwechsel
23b	3	9/2019	10/2019	Corona
	3^{JHWH}	2/2023	4/2023	Ende der sieben Sonnenzeiten
		6/2026	10/2026	

Die Vierer als 4 Jahre zu lesen lässt den Machtwechsel am Ende der Sonnenzeiten 539 v. u. Z. und 2022/23 u. Z. synchron erscheinen und zeigt wie im sicheren 14,21c noch 3 ½ Jahre Überhang.

Es muss gesagt werden, dass ein Abschluss der Fünfer nur mit den Doppeldreiern 21bc.23b plausibel ist. Das nebeneinander von Dreier und Vierer in 22b.23a bleibt hingegen vor dem Abschuss unscharf. Es könnte erwogen werden, die Bündelung des Namens JHWH in 14,22.23 ähnlich wie in 14,5 als Erweiterung aufzufassen, doch würden dann nur neue Fragen auftauchen. Außerdem übt der dreifache Gebrauch schon für sich eine Funktion aus, bevor in 14,24 vom Schwur Jehovas gesprochen wird. Die Frage nach der Identität des Tyrannen verengt sich im Bereich 22a-23b auf zwei auffällige Personen und muss unbeantwortet in den Abschnitt 14,24-27 mitgeführt werden, wo weitere Informationen auftreffen.

Jesaja 14,24-27

Der Abschnitt 14,24-27 besitzt eine Einleitung und wird im nächsten Abschnitt 14,28-32 durch eine Überschrift abgegrenzt. Stimmen, die Jes 13,1 bis 14,27 im Zusammenhang auslegen, sind nicht neu:

„Wenn man, wie neuerdings wieder Erlandsson, der Meinung ist, dass … 4b-23 dem König von Assur gelte, oder gar, dass auch 13 ursprünglich gegen Assur gerichtet gewesen sei, wäre durch beide Kapitel hindurch wenigstens die Identität der Adressaten bewahrt." – Hans Wildberger, 1989.[11]

„Ist das Gericht über Babel das Symbol für Empörung und Feindschaft gegen den HERRN und sein Volk, ist Assur miteingeschlossen. Die Weissagung über Babel (Kap. 13,1-14,27) endet mit einer eidesstattlichen Versicherung, das Assur zerschlagen werden wird." – Seth Erlandsson, 2014.[12]

Auch wenn die Herleitungen für eine zusammenhängende Betrachtung variieren, steht hier ein Gericht gegen Babylon 13,1-22 und gegen einen Tyrann 14,3-23 auf den Bergen Israels 14,24-27 an! Der hebräische Abschnitt 14,24-27 kennt den Ort und die Weltmacht. Es hat den Anschein, als habe Jesaja den Schwur festgehalten, wie er ihn selbst hörte (5,9). 14,25b ist davon auszunehmen, da es ein Einschub der Zeit Darius c/o Xerxes ist, wie auch 14,1.2.

Jes 14
24 JHWH der Heerscharen hat geschworen und gesprochen: Wahrlich! Wie ich es vorbedacht, so geschieht es und wie ich es beschlossen, so kommt es zustande:
25 Ich zerbreche Assur in meinem Land und auf meinen Bergen zertrete ich es. [Dann weicht von ihnen sein Joch, und seine Last weicht von seiner Schulter.]
26 Das ist der Ratschluss, beschlossen über die ganze Erde, und das ist die Hand, die ausgestreckt ist über alle Nationen.
27 Denn JHWH der Heerscharen hat es beschlossen, und wer wird es vereiteln? und seine ausgestreckte Hand - wer könnte sie abwenden?

14,24-27 „Das Wort muss in eine höchst prekäre Situation hineingesprochen sein, in der äußerste Skepsis zu überwinden war."[13] Wird nach zwei Siebenern nun der Abschluss erreicht? (vgl. 13,22c).

---

[11] BKAT X,2 Hans Wildberger: *Jesaja 13-27*; 1989, Seite 566
[12] Seth Erlandsson: *Jesajas Buchrolle. Einheit, Aufbau und Botschaft des Buches*; 2021 deutsch, Seite 88f
[13] BKAT X,2 Hans Wildberger: *Jesaja 13-27*; 1989, Seite 567

Ein Vorgang, der weltweite Wirkung besitzt wird oft abgelehnt, da die Auslegung die Belagerung durch Sanherib 701 als Verursacher dieser Weissagung durch Jesaja sieht. Der Ratschluss oder Plan impliziert den Ablauf der Weltgeschichte, wenn er *über die ganze Erde beschlossen ist*. Schon im Wort über Babel geht es um *die Welt*.[14]

Die Frage, ob für die angedachte Entwicklung der zweite Siebener ausreicht, schimmert in Henoch durch, wo von den 14 Laubbäumen, die ihr Laub nicht abwerfen und beim alten Laub bleiben, bis das neue kommt, von *zwei bis drei* Regenzeiten gesprochen wird (Hen 3,3). Dem ersten Siebener wurde ein zweiter Siebener hinzugefügt (Dan 9,27a). Jesus zählt noch 5 verbliebene Laubbäume (ThEv 19).

Der Schwur in 14,24 sowie der Nachdruck in 14,26.27 bekräftigen, *in meinem Land zerbricht, auf meinen Bergen zertritt* Jehova Assur. In Dan 11,44.45 zieht der König des Nordens in vernichtender Absicht aus und platziert sich zwischen dem Meer und Jerusalem, dem heiligen Berg der Zierde. Dort kommt er zu seinem völligen Ende. Dieses Ereignis wird universale Auswirkungen *über die ganze Erde, die Welt haben* (siehe Dan 12,1-3). Auch hier wird ein Eid geschworen (Dan 12,5-7). Die vorhandenen Zeitangaben 12,7 – 3 ½ Zeiten; 12,11 – 1290 Tage; 12,12 – 1335 Tage besetzen das Jahr[360] mit den Schaltungen, die sonst 3 ½ Mondjahren[354] mit 30 Tagen an die Sonnenjahre[365] angleichen und den Schaltungen von 7 Mondjahren mit zusätzlichen 75 Tagen an 7 Sonnenzeiten angleichen. Es ist somit vom Abschluss eines Siebeners in Sonnenzeiten die Rede, der überwunden werden muss und dessen Berechnung auf das Jahr[360] zurückbezogen wird, d. h. auf eine alte Zeitrechnung vor der planetaren Zeitumstellung anhängender Flutkatastrophe zurückgeht.[15] Dem zweiten Siebener in Jahrjahren konnten sogar die Schaltungen von beiden Siebenern als 5 Monate (=150 Tage/Jahre) zugeordnet werden, denen Kronen aufgesetzt wurden – Corona (Apk 9,1-11).[16]

Die durch den Schwur überwundene Skepsis wird mit einem kalendarischen Zeitplan mit einer Spannweite, die auf den Kalender vor der Flut zurückgreift, ausgedrückt. Ein Weltherrscher zieht aus und platziert sich zwischen dem Meer und Jerusalem, wo er zu seinem Ende kommt. Das trifft die geographische Lage der Berge Israels!

---

[14] Ebda, Seite 571f
[15] Harald Schneider: *Die Flut im Lebensraum der Menschheit*; 2024
[16] Harald Schneider: *Glauben in Zeiten von Corona*; 2020

Metrik, auch ein chronologischer Ansatz? (Teil 2/2)

Die Metrik besteht im Qina-Vers, dem Fünfer der jeweils im Doppelzweier schließt. Zum Abschluss des Totenklageliedes 4b-20 treten 21-23 mit 24-27 gegenüber. Die Struktur rechtfertigt den Vergleich und deren Additionen bestätigen den Namen als Schlüssel der Dekaden. Der Name in der Überschrift begründet den Namen JHWH in 5. Die Abweichungen in 22b.23a sind im Vergleich leicht zu erkennen. Sieben Dekaden stehen für die Woche, von denen durch die Fünfer die zwei großen Wochen in Jahrjahren sichtbar herausstehen. Der verzahnt erscheinende Name setzt 2008 ein und markiert 2022 als Ende der Sonnenzeiten und 2029 als das Ende einer Weltmacht.

Die ergänzende Metrik zwischen 24-27 und 21-23 verschlüsselt in JHWH + Dekaden

Vers	Metrik	Lunar	Sonar	Vers	Metrik	Summe	7 Dekaden
24a	Ü[JHWH]			[5]	[+[JHWH]]		Ü [JHWH]
24b	5	553	546	21a	5	10	10
24c	2+2	546	539	21bc	3+3	10	10
25a	5	2001	2001	22a	5	10	10
[25b]	[3+4]			---	---		
26a	5	2008	2008	22a	5[JHWH]	10 [JHWH]	10 [JHWH]
26b	5	2015	2015	22b	4+3[JHWH]	12 [JHWH]	10 [JHWH]
27a	5[JHWH]	2021	2022	23a	4	9 [JHWH]	10 [JHWH]
27b	2+2	2028	2029	23b	3+3[JHWH]	10 [JHWH]	10 [JHWH]

Die Schreckensherrschaft des Tyrannen setzte 2001 ein und wurde 2008 durch die anhaltende Finanzkrise das erste Mal abgeschlagen. 2020 wurde ein anderer Tyrann mit dem Coronavirus abgeschlagen. Diese stehen als *Sohn der Morgenröte* zur Disposition. 2024 wurde Donald Trump wiedergewählt und tritt drohend gegen den Rest der Welt auf. Er wiederholt seine feste Absicht, den Gazastreifen für sich zu beanspruchen, was in den geographischen Bereich 14,25a führt.

In diesem Jubiläum der Jesaja-Chronologie in Absätzen zeigte sich eine *Hand, die ausgestreckt ist über alle Nationen.* Ein Kaiser mit dem Spitznamen Caracalla (Kapuzenmantel) erlässt 212 seine *Constitutio Antoniana*: ein Bürgerrecht für alle freien Bewohner der Provinzen und die Gleichstellung mit Rom und Italien. Was nach mehr Freiheit und Recht klang hatte jedoch einen Haken. Es brachte die Wehrpflicht und mehr Steuereinnahmen mit sich. Seine Gesinnung wird dadurch deutlich, als er seinen Bruder in den Armen seiner Mutter ermorden ließ, um seinen Mitherrscher auszuschalten. Er schlägt 213 die Alamannen am Main, 214 die Karpen an der Donau und zieht 215 durch Syrien nach Alexandria und 216 bis zum Tigris, wo er 217 selbst ermordet wird.

Die Identität des Tyrannen

Die Frage ist berechtigt, ob die in 14,12-14 beschriebene Person als ein Mensch zu werten ist, der wie *ein strahlender Stern*, d. h. Luzifer nach den höchsten Höhen strebt und dabei scheitert, oder ob nicht *ein strahlender Stern vom Himmel gefallen ist, wie zur Erde geschmettert.* Dann wäre der eigentliche Tyrann als *Bezwinger der Nationen* ein Geistgeschöpf. Seine Gedanken nach *einem Thron hoch über Gottes Sterne mit Sitz auf dem Versammlungsberg im hohen Norden auf Wolkenhöhen* um *sich dem Höchsten gleich zu machen*, konnte er nicht verwirklichen und wurde zur Erde hin abgeschlagen!

Aus dieser Sicht der personellen Besetzung wird über 14,12-14 hinaus eine Bewertung der übrigen Aussagen in diesem Abschnitt nötig. Im Himmel *hat Jehova den Stab der Gesetzlosen, den Herrscherstab* bereits *zerbrochen*, weshalb im Himmel *Bedrückung und Erpressung aufgehört haben* 14,5. Seine *pausenlosen Schläge, sein niedertreten und seine schonungslose Verfolgung* gingen vom Himmel aus 14,6.

JHWH als Schlüssel. Der Name, der den Wechsel garantiert, hebt in 14,27a das Ende der Sonnenzeiten 2022 hervor, was durch die Gegenüberstellung der Metrik von 24-27 mit 21-23 deutlich wurde. Wie ein Schlüssel öffnet der Name die seit 2001 andauernde Feindseligkeit gegen Völker und Nationen 2008, was sich durch den ersten schwarzen Präsidenten Barak Obama einstellte, der für ein freies und weltoffenes Amerika eintrat und Gegnern wie dem Iran die Hand reichte 22a. Die Metrik in 22b kennt den Namen am Ende, was für Donald Trumps Abwahl 2020 steht. Der dritte Name am Ende von 23b ist *der Besen seiner Vernichtung* bis 2029. Der Rauswurf eines Geistgeschöpfes aus dem Himmel auf die Erde wäre bemessen am doppelten Abschuss 22-23; 25-27 somit im Jahr 2001 erfolgt.

In 14,7.8 werden die Ruhe und der Jubel der *ganzen Erde* seiner Verfolgung in 14,6 gegenübergestellt. 14,9 *Der Scheol unten geriet in Aufruhr um seinem Erscheinen zu begegnen* und weckte *die Schatten auf. Alle Leitböcke der Erde schreckte das auf.* In 14,10.11 wird er den Königen ebenbürtig in der Kraftlosigkeit und seiner Herrlichkeit verlustig geschildert. Diese Herrscher sind Engel, doch nun ist auch er aus dem Himmel ausgeschlossen. *Der Klang seiner Harfen* ist nun im *Scheol, Maden und Gewürm* sind ihm *Lager und Decke* geworden. Maden und Würmer werden auch als Bild für den ¼ Tag gebraucht, der dem Jahr 365 überhängt und nach 1460 Jahren ein weiteres Jahr beschert. Ab der Flut verbleiben so nur ca. 3 Jahre, in denen der Phönix aus dem Gewürm heraus von der Asche aufstehen könnte. In 14,12-14 wird dann der große Rahmen des gestürzten *strahlenden Sternes* beschrieben, der sein Ziel verfehlend 14,15 *in den Scheol gestürzt wird, der tiefsten Grube.* 14,16 Er wird den Blicken anderer Engel ausgesetzt und beurteilt. 14,17 *Er hat den Erdkreis zur Wüste gemacht und dessen Städte niedergerissen und den Gefangenen sein Haus nicht geöffnet.* 14,18.19 Ein ehrenhaftes Begräbnis, einem Gefängnis der Engel, wird ihm auf Erden versagt. Er wird so *wie ein zertretener Adler.* 14,20 Weil er *Land und Volk zugrunde gerichtet hat, bleibt dieses Geschlecht von Frevlern für immer unerwähnt.* Die Überlieferung seines Namens ist unsicher. Sind in 14,4b-20 die Geister angesprochen, wäre Donald Trump lediglich die Kühlerfigur auf einem unsichtbaren Wagen, der es gerade sehr eilig hat, um die zerstörerische Wut eines Tyrannen zu vollenden.

Jes 14

4b Wie hat aufgehört der Bedrücker, aufgehört die Erpressung.

5 Zerbrochen hat JHWH den Stab der Gesetzlosen, den Herrscherstab,

6 der Völker schlug im Grimm mit pausenlosen Schlägen, Nationen niedertrat im Zorn mit schonungsloser Verfolgung.

7 Es ruht, es rastet die ganze Erde, man bricht in Jubel aus.

8 Auch die Wacholderbäume freuen sich über dich, die Zedern des Libanon: "Seit du daliegst, kommt der Fäller nicht mehr herauf, um uns abzuhauen."

9 Der Scheol unten geriet in Aufruhr, um deinem Erscheinen zu begegnen, stört deinetwegen die Schatten auf, alle Leitböcke der Erde, schreckt von ihren Thronen auf, alle Könige der Nationen.

10 Sie alle heben an und sagen zu dir: "Auch du bist kraftlos geworden wie wir, bist uns gleich geworden!"

11 In den Scheol ist deine Herrlichkeit gestürzt, der Klang deiner Harfen. Maden sind dein Lager und Würmer sind deine Decke.

12 Wie bist du vom Himmel gefallen, strahlender Stern, Sohn der Morgenröte, wie zur Erde geschmettert, du Bezwinger der Nationen!

13 Du dachtest bei dir: "Zum Himmel steig ich auf, hoch über Gottes Sterne erheb ich meinen Thron, setze mich auf den Versammlungsberg im hohen Norden.

14 Ich steig auf Wolkenhöhen, mache mich dem Höchsten gleich."

15 Doch in den Scheol wirst du gestürzt, in die tiefste Grube.

16 Wer dich erblickt, betrachtet dich scharf und sieht dich genau an: "Ist das der Mann, der die Erde erregte, Königreiche erbeben ließ?

17 Er hat den Erdkreis zur Wüste gemacht und dessen Städte niedergerissen, der seinen Gefangenen sein Haus nicht öffnet.

18 Alle Könige der Nationen liegen mit Ehren, jeder in seinem Haus.

19 du aber bist hingeworfen, hast kein Grab, wie eine verabscheute Fehlgeburt, bedeckt mit Erschlagenen, Schwertdurchbohrte, die zu den Steinen der Grube hinabgefahren sind, wie ein zertretener Adler.

20 Für dich gibt es keine Vereinigung, denn dein Land hast du zugrunde gerichtet, dein Volk gemordet. Dieses Geschlecht von Frevlern bleibt für immer unerwähnt.

Der Engelfall in der Apokalypse des Johannes

Ein großes Zeichen (Apk 12,1-2.4b-6) gegenüber einem anderen Zeichen (Apk 12,3-4a) wird mit einem Krieg im Himmel (Apk 12,7-9) verbunden, dem ein Hymnus folgt (Apk 12,10-12), bevor die Verfolgung ab Apk 12,13f die Zeichen in 12,1-6 fortsetzen. Es geht um Herrschaft. Die Frau hat eine Krone mit zwölf Sternen auf und auch der Kontrahent hat auf seinen sieben Köpfen sieben Diademe. Gegenstand ist die Geburt eines Sohnes, der *alle Nationen mit eisernem Stab hüten soll, und der zu Gott und seinem Thron entrückt wurde* 12,5, wie auch in Ps 2,9. Die Weissagung über diese Einsetzung lässt den Drachen und seine Engel auf die Erde kommen und auf den Sand des Meeres treten. Die Ähnlichkeit des Drachen mit den Tieren aus Daniel 7; Apk 13; 17 (zehn Hörner, sieben Köpfe) lässt auch an politische Mächte denken. Die Verfolgung der Frau und der Zeugen Jesu geht zum Sand des Meeres über (Apk 12,13-18). Sonne und Mond als Kleidung der Frau implizieren Ort und Zeit der Geburt des Kindes (Apk 12,1-2). Die damit ausgedrückte Einsetzung findet mit dem Auftritt der vier Tieren in Dan 7 statt, von denen das vierte Tier und seine 3 ½ Zeiten hervorstechen (Dan 7,25). Die Verbindung zum Menschensohn in Dan 7,13f ist evident. Die Zeitangabe *1260 Tage* aus Dan 7,25 ist in Apk 12,6 und *eine Zeit, (zwei) Zeiten und eine halbe Zeit* aus Dan 12,7 in Apk 12,14 eingetragen. Sie scheinen sich mit der Angabe im Hymnus in Apk 12,12 – *eine kurze Frist* zu verbinden. Darin ist der Teufel hinabgestiegen bzw. aus Sicht des Himmels hinabgeschleudert worden 12,10, was sich so an den Krieg im Himmel in 12,7-9 anschließt. Krieg und Hymnus 12,7-12 wurden als Vor-[17] oder Zwischenspiel[18] bezeichnet und greifen thematisch mit 12,1-6.13-18 so ineinander, dass sie von unserem irdischen Schauplatz aus gedacht parallel stattfinden. Die Gerichtsverhandlung und Einsetzung im Himmel in Dan 7 sind ebenfalls parallel zu denken, wenn in 7,11 *zur selben Zeit wegen dem Horn, das große Töne spuckt, weitergeschaut wird, bis das Tier getötet und sein Leib vernichtet ist*, nachdem 7,25 *sie für eine Zeit, zwei Zeiten und eine halbe Zeit in seine Hand gegeben wurden*. Der Abstieg des Teufels und die 3 ½ Jahre Präsenz des Hornes sind tatsächlich eins!

---

[17] Klaus Berger: *Theologiegeschichte des Urchristentums. Theologie des Neuen Testaments*; 1995, Seite 613.
[18] WMANT 93 Jürgen U. Klams: *Der Sturz des Gottesfeindes*; 2001, Seite 68

Bei der oben aufgeworfenen Frage nach der Identität des Tyrannen in Jes 14,4b-20 kann somit Donald Trump bestätigt werden. Der Fall vom Himmel ist mit dem Geschick des Tyrannen sehr eng verwoben.

Der in Apk 12,7-9 genannte Krieg Michaels im Himmel bewirkt den Fall der alten Schlange, der nur noch eine kurze Frist verbleibt.

„Die uralte Schlange" ist die Schlange in der Paradiesgeschichte. Durch Rückgriff auf die Paradiesgeschichte deutet der Vf. an, dass die Endgeschichte tatsächlich beginnt. Die Bezeichnung „der Verführer der ganzen Erde", ist durch den Begriff „die uralte Schlange" veranlasst (vgl. Diog 12,3); das Objekt der Verführung ist auf „die ganze Erde" erweitert.[19]

Der Schwur in Jes 14,24-27, dass der Tyrann *Assur in meinem Land zerbrochen wird, auf den Bergen Israels zertreten* bestätigt Henochs Zeitgefüge der 14 immergrünen Laubbäume (Hen 3,3), von denen Jesus die verbliebenen „fünf Bäume im Paradies" nannte (ThEv 19). Das ausgesprochene Wehe über *die Erde und das Meer* ist aktuell Apk 12,12. Die Menschen können ihr Paradies auf der Erde verlieren. Neues Laub kommt erst nach *zwei bis drei* Regenzeiten (Hen 3,3).

Diese Anordnung hat sein Vorbild im Schöpfungsbericht Gen 2,4-25, dem der Sündenfall Gen 3,1-24 mit der Vertreibung aus dem Paradies folgt. Die vorausgehende Schöpfungs-Apokalypse Gen 1,1-2,3 kann als Geschichte der Menschheit bis 515 v. u. Z. gelesen werden. Dem Siebener wurde ein zweiter Siebener hinzugefügt (Dan 9,27a). Diese Ordnung wird durch die 14 ersten hebräischen Abschnitte der Genesis ausgedrückt. Im Corpus der Abschnitte im hebräischen Text (außer den Psalmen) bilden sie eine Jahreszählung, die vor die Flut zurückreicht und sogar Hinweise zur Geschichtsschreibung bietet.[20] Nachdem Gen 1,3-2,3 als Woche in Großraumzeiten erkannt wurde ist es nur Konsequent, nach der zweiten großen Woche zu fragen.[21] Nach den Paraschen bilden 1,3-2,3 die ersten sieben Abschnitte. Die nächsten sieben Abschnitte ab 2,4 enden beim Tod Adams 5,3-5.

Die ersten vierzehn Abschnitte des hebräischen Textes, hier mit der Jahreszählung

So	Mo	Di	Mi	Do	Fr	Sa
2333-2332 1,1-5+	2332-2331 1,6-8+	2331-2330 1,9-13+	2330-2329 1,14-19+	2329-2328 1,20-23+	2328-2327 1,24-31+	2327-2326 2,1-3+
2326-2325 2,4-3,15	2325-2324 3,16	2324-2323 3,17-21+	2323-2322 3,22-24	2322-2321 4,1-26+	2321-2320 5,1-2	2320-2319 5,3-5

[19] KEK 16 Akira Satake: *Die Offenbarung des Johannes*; 2008, Seite 287
[20] Harald Schneider: *Die biblische Chronologie*; 2015/2020, Seite 221-248
[21] Harald Schneider: *Die Flut im Lebensraum der Menschheit*; 2024, S. 158f

Aus dieser Perspektive betrachtet steht der Rauswurf der Menschen aus dem Paradies noch bevor, der im Verlust des Gleichgewichtes der Schöpfung besteht, wie dass im *Wehe* Ruf *über die Erde und dem Meer* angekündigt wird (Apk 12,12).

Über Apk 12,11 beschreibt Akira Satake seine Beobachtungen:

„Es ist selten, dass in einem Hymnus das Handeln der Christen unmittelbar thematisiert wird. Auch in unserem Hymnus geht der Gedanke glatt von V. 10 zu V. 12 über. Unser Vers ist in diesem Sinne ein Fremdkörper. Um so mehr spürt man, welch großes Interesse der Vf. auf diese Aussage legt: Gerade die Wichtigkeit des Verhaltens der Christen will er hier betonen … Er besteht aus zwei Sätzen, der eine positiv („sie haben ihn überwunden"), der andere negativ („sie haben ihr Leben nicht geliebt") formuliert.[22]

Die Schwerpunkte christlichen Verhaltens liegen hier im Überwinden ohne sein Leben zu lieben. Gedacht wird zuerst an Ausharren unter Verfolgung, weil sie dem Tod ins Auge sehen müssen. Sein Leben zu Lieben kann auch durch zu viel Essen und Trinken zum Ausdruck kommen (häufig als Segen Gottes missverstanden) und zu herben Überraschungen führen, wenn plötzliche Veränderungen hereinbrechen (Luk 21,34-36). *Bleibt also wach und fleht beständig, so es euch gelingt, dem Geschehen zu entgehen und vor dem Menschensohn zu stehen.*

Sicherlich besteht der erste Schritt, um dem Geschehen zu entgehen im Verlassen kritischer Orte, zuerst dem großen Babylon (Apk 18,4; Jes 14,22-23)! Diesem Gebot der Stunde widerstehen fundamentalistische Bestrebungen, die ganz offen oder aber verborgen auf ihren starken Mann vertrauen und entsprechend ihre Ausrichtung wählen. Mitglieder können sich nicht per se darauf berufen, im richtigen Zug zu sitzen und deshalb sicher anzukommen. Wachsamkeit lässt sich nicht an andere abtreten (Mar 13,33-37). Städte sollten verlassen und Berge als Zuflucht gewählt werden (Mat 24,15-21). Die Große Männer, *falsch autorisiert, falsch wegweisend und zeichensetzend* (Mar 13,21-23) sind unbedingt zu meiden! *Wo auch immer der Kadaver ist, werden die Adler versammelt* (Mat 24,23-28; Luk 17,37).

Eine erste Bearbeitung der 7 Paraschen als zweite Woche folgt. Der Engelfall steht mit dem Tyrannen in Jes 14,4b-27 in sehr enger Verbindung, der mit Donald Trump identifiziert werden kann. Auf den Bergen Israels wird ein Krieg erwartet (Dan 11,45; Apk 16,14-16).

---

[22] KEK 16 Akira Satake: *Die Offenbarung des Johannes*; 2008, Seite 289

Die Schöpfungswoche als Apokalypse[23]

Der Zweck einer Apokalypse (Offenbarung) kann am Schöpfungsbericht der Genesis demonstriert werden, und zwar deshalb, weil sich dieser Bericht den Erfahrungen der Menschen entzieht. Sie waren keine Beobachter, so dass sie ihre Erfahrungen und Eindrücke hätten anderen weitergeben können. Der Einwand, dass diese Offenbarung ja keine zukünftigen, sondern bereits geschehene Ereignisse vermitteln will ändert nichts daran, dass es sich zumindest in Teilen um eine Offenbarung Gottes handelt, deren Potential es auszuschöpfen gilt. Manche ziehen das in Frage und sehen Menschen als die späteren Erfinder des Schöpfungsberichts.

Als Moses diesen Bericht in sein Buch der Anfänge aufnahm, waren in den Kulturen schon verschiedene Schöpfungsberichte im Umlauf, die von der Substanz her eine Ähnlichkeit im damaligen Weltbild aufzeigten. Das spricht vom Grundsatz her weder für noch gegen eine Offenbarung, da ja auch offenbartes Gut von Menschen in einer Umwelt artikuliert werden musste, in der die Vorstellungen und Begrifflichkeiten begrenzt waren. Es empfiehlt sich, zuerst einen Überblick darüber zu gewinnen, wie diese Offenbarung aussieht und was dem damaligen Wissenstand zu entsprechen scheint.

Das damalige Weltbild war allgemein das einer flachen Scheibe mit einem darüber liegenden Gewölbe, in manchen Kulturen auch noch mit einer Unterwelt ausgestattet. Solche Anschauungen waren das Ergebnis des menschlichen Geistes, der auch heute noch das nicht erlebte und nicht erschlossene herausfinden und begründen will – eben der wissenschaftliche Stand zurzeit von Moses.

Auch die Abfolge im Schöpfungsbericht könnte dem menschlichen Geist zugeschrieben werden: der Mensch steht über dem Tier, die Tiere benötigen die Pflanzenwelt auf dem Land, dass aus dem umliegenden Wasser emporkam. Davor gab es nur Chaos. Und über dem Menschen im Bilde Gottes steht Gott.

Auffällig in der Folge ist jedoch der vierte Tag, an dem die Lichter erschienen. August Dillmann schrieb: „Nur die Gestirne befremden an 5. Stelle. Heiden, welche dieselben göttlich verehrten, hätten sie

---

[23] = Harald Schneider: *Die Flut im Lebensraum der Menschheit*; S. 135-158

herausgestellt; beim Israeliten stehen sie mitten unter den Werken, zwischen Pflanzen und Thieren."[24]

Wegen der wissenschaftlichen Ungereimtheit wird der Offenbarung des 4. Tages keine Beachtung geschenkt. Wir wissen heute, dass die Gestirne sowie Tag und Nacht nicht erst nach den Pflanzen ins Dasein kamen. Erklärungsversuche über ein Sichtbarwerden der Lichter auf Erden am 4. Tag sind nicht unproblematisch. Eine These, wonach der 1. Tag die unbewegliche-, der 4. Tag die bewegliche Schöpfung anführt, ist eine symmetrische Begründung, die jedoch wieder eine Offenbarung ausschließt.

Da sich Forschung mit Offenbarung allgemein schwertut, gehen wir hier einen anderen Weg. Wir unterstellen, dass Moses die Substanz damaligen Wissens verwertete und dabei Offenbarung empfangen hat. Moses schrieb eine Vorgeschichte seines Volkes (Abraham, Isaak und Jakob) und versucht aus verschiedenen Quellen eine Abstammung bis zum ersten Menschen nachzuweisen. Davor platzierte er die Schöpfung als im Anfang. Er gebrauchte zur Beschreibung die Substanz des damaligen Wissens und brachte ein Werk hervor, das doch alle anderen Berichte in den Schatten stellte. Wie kam das?

Sein Gottesbild war unverzerrt. „Gott sprach … und es wurde …" Keine Mythen, keine Ausschmückungen und keine Phantastereien.

„Weil hier die richtig scharfe Scheidung von Gott und Welt vollzogen und Gott in seiner vollen Erhabenheit, Geistigkeit und Güte gedacht ist, darum ist auch die Vorstellung vom Hergang der Schöpfung erhabener, würdiger und richtiger, als irgend wo sonst, ohne Beimischung von Grotesken und Phantastischen, einfach, nüchtern, klar und wahr"[25]

Ein so klares Gottesbild entspringt der Offenbarung, ob nun so an Moses überliefert oder aber von ihm durch seine Gottesnähe eingebracht. Der Bericht trägt einen Offenbarungscharakter in sich, auch wenn die Substanz (aus dem damaligen Weltbild) dem Verständnis der damaligen Umwelt genügte. Umso mehr hat uns eine Abweichung von diesem alten Weltbild zu interessieren! Ein exklusiver Bestandteil dieses Schöpfungsberichts ist die Woche im 6-Tage-Werk. Sie ist den acht Malen, wenn „Gott sprach …", übergeordnet (Gen 1,3.6.9.11.14.20.24.26).

---

[24] August Dillmann: *Die Genesis erklärt*; fünfte Auflage 1886, Seite 13
[25] Ebda, Seite 9

1,3f	Licht	1. Tag	1
1,6f	Scheidung der Wasser	2. Tag	2
1,9f	trockenes Land, Meere	3. Tag	3
1,11f	Pflanzen		4
1,14f	Lichter, eine Scheidung zwischen Tag und Nacht	4. Tag	5
	Zeichen (Bestimmungen) für Zeitabschnitte, Tage, Jahre		
1,16	Die beiden großen Lichter und auch die Sterne		
1,20f	Wassertiere und Vögel	5. Tag	6
1,24f	Landtiere	6. Tag	7
1,26f	Menschen		8

Welcher Offenbarungscharakter steckt in der Woche? Die Tage geben eine Darstellung der Reihenfolge an. Nur der 4. Tag spricht eine genaue Bestimmung von Zeitabschnitten, Tagen und Jahren an, da die Zeit nach den Gestirnen bemessen wird. Warum wurde dem Moses für Sonne, Mond und Sterne der 4. Tag zugewiesen? Diese Frage wartet auf eine Antwort! Die Woche mit seinem 4. Tag ist eine Offenbarung der zukünftigen Geschichte. Der einfache und nüchterne Bericht ist auch selbst für eine andere Woche angelegt worden.

Die zukunftsorientierte Auskunft ist das Wesen einer Apokalypse. Es fragt sich von selbst, wie wir mit einer Nachricht umgehen sollen, von der wir Auskunft über die Vorzeit erwarteten? Oder besteht beides, d. h. auch wir stehen noch in einer schöpferischen Entwicklung? Es stellt sich auch die Frage, ob unsere Frage nach der Entstehung immer eine umfassende Antwort zusteht, begreifen wir doch selbst je nach Wissenstand eher zurückgeblieben und halten oft verbissen an dem fest, von dem wir meinen, es sei etwas (Hi 38,2).

„So erweist auch die Vergleichung des übrigen A. T., dass während des Bestandes des alten Volkes diesem Theil unserer Erzählung dogmatische Geltung nicht zugeschrieben wurde. Sogleich Gen. 2 gibt über die Aufeinanderfolge der Entstehung der organischen Wesen eine andere Vorstellung an die Hand; Ij. 38, 4-7 setzt bei der Gründung der Erde das Dasein der Gestirne schon voraus; von einer ängstlichen Nacherzählung der Einzelheiten von Gen 1 findet man, so oft auch von der Bildung Himmels und der Erde als That Gottes die Rede ist, nirgends eine Spur".[26]

Der Offenbarungscharakter besteht in der Oberhoheit Gottes über seine Schöpfung und seinem Vorhaben, auch dem am 4. Tag. Dieser 4. Tag ist Teil der Woche im 6-Tage-Werk plus Ruhetag und zeigt, dass die Woche samt Sabbatidee eine Offenbarung Gottes ist!

Diese Apokalypse fand bereits im Kontext der Schöpfung statt, oder etwas genauer: Über der Eröffnung des Werdens der Lebensräume für den angesprochenen Menschen liegt auch ein Programm für die Lösung seiner Probleme während seiner Entwicklung.

Moses hatte Berichte zusammengetragen, unter anderem, um das Vorhandensein des Menschen zu begründen (Gen 1) und um seine Entfremdung von Gott zu beschreiben, was ja seinem Niedergang gleichkommt (Gen 3). Die prophetische Rede Gottes (Gen 3,15) über einen Retter ließ die Menschen auf Befreiung hoffen. Der Tag, an dem das Licht erscheint, wurde in der Woche bereits offenbart.

Wie haben die Hebräer diese Woche verstanden? Salomo schrieb in den Spr 8 über sich selbst: **22** Er hat mich als Anfang seines Weges gestiftet als vorderstes seiner Werke von je. **23** Von urher bin ich belehnt, von der Frühe von den Vorzeiten der Erde.[27]

Er sah sich als Teil, was von „urher" als „vorderstes" galt, auch Licht am 4. Tag (vgl. Gen 1,14-15 mit Licht in Gen 1,3-4). Diese Nachricht ist hinter dem Ruf der Weisheit eingebettet, und führt eine Beschreibung über die Frühe dieser Nachricht aus (Spr 8,1f.22-31).

30 da war ich bei ihm Wärter / und war da tändelnd Tag für Tag / war spielend vor ihm jederzeit / **31** war spielend mit der Erde, seinem Land / mein Tändeln mit den Menschenkindern.[28]

Der wissenschaftliche Stand zurzeit Mose wurde in Betracht gezogen. Die Offenbarung Gottes bestand in seinem von der Schöpfung getrennten Wesen. Seine Vorstellung von der Woche hat sich durchgesetzt und ist auch in praktisch allen späteren Apokalypsen präsent. Was hat es nun mit den Gestirnen am vierten Tag auf sich?

---

[26] Ebda, Seite 11
[27] Buber & Rosenzweig: *Die Schrift*; 2004
[28] Naftali Herz Tur-Sinai: *Die Heilige Schrift*; 1993

Die Woche ist ein Konzept, in dem sich die Lebensräume bewegen. Der vierte Tag bildet die Mitte dieser Woche. Von dort gehen die Lichter Sonne, Mond und Sterne aus, die für die Bestimmung unserer Zeit von so entscheidender Bedeutung sind (Gen 1,14-19).

Eine Woche, in der zwischen Tag und Nacht, Zeitabschnitten, Tagen und Jahren unterschieden werden kann, lässt auf ein größeres Zeitkonzept als eine 7-Tage-Woche blicken! Ein Jahr hatte bereits 360 Tage und eine Jahrwoche umfasst gerade einmal sieben Jahre. Die Menschheit hat kürzlich einen zweiten Siebener von Tagen mit 360 Jahren hinter sich gebracht und gedenkt, einen dritten Lebensraum dieser Größenordnung beschreiten zu können. Nicht Jahrmillionen, sondern Siebener bilden unsere Lebensräume ab. Warum wurde erst am vierten Tag die Bemessung aller dieser Zeitabschnitte möglich?

Die Apokalyptik mit seinem engen Bezug zur Woche hilft uns, der Antwort auf diese Frage näherzukommen. In der Offenbarung des Johannes wird der erste Siebener nach einem Drittel gerichtet, der zweite Siebener jedoch erst am Ende. Das Flutgericht schlug nach einem Drittel eines Siebeners in die Lebensräume der Erde ein!

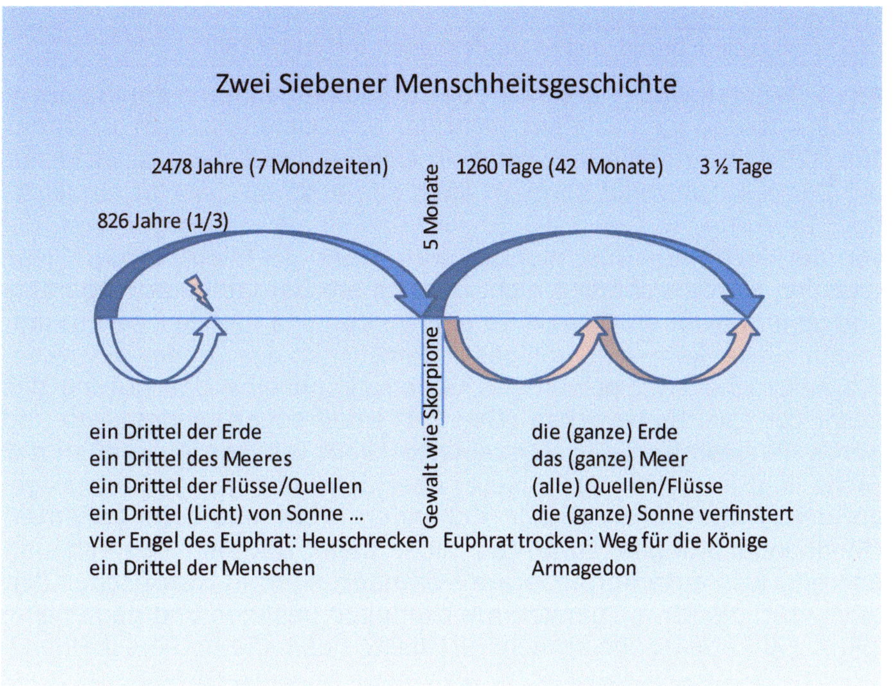

Der dritte Tag

Betrachten wir die Schöpfungswoche als eine Apokalypse mit Jahr-Jahren (360 Jahre), müssten uns an jedem einzelnen Tag wichtige Entwicklungsschritte der Menschheit im ersten Siebener begegnen!

Der markanteste Einschnitt der Menschheitsgeschichte war die Flut. Die Flut schlug nach dem ersten Drittel (826 Jahren) Menschheit ein. Entsprechend mussten das Land und die Vegetation neu erscheinen. Welche Auskünfte gibt uns die Schöpfungswoche für das Zeitfenster 721-1080 seit Adam?

Gen 1
9 Und Gott sprach: Es sammle sich das Wasser unterhalb des Himmels an einem Ort, sodass das trockene Land sichtbar werde. Und so geschah es.
10 Und Gott nannte das Trockene Erde, die Wasseransammlung nannte er Meer. Und Gott sah, dass es gut war.
11 Und Gott sprach: Die Erde lasse junges Grün sprossen: Pflanzen, die Samen hervorbringen, und Fruchtbäume, die Früchte bringen nach ihrer Art auf Erden, in denen ihr Samen ist. Und so geschah es.
12 Und die Erde lies frisches Grün sprossen: Samentragende Pflanzen nach ihrer Art, und Bäume, die Früchte bringen, in denen ihr Samen ist, nach ihrer Art. Und Gott sah, dass es gut war.
13 Und es wurde Abend, und es wurde Morgen, ein dritter Tag.

Am 3. Tag der Woche erscheint das trockene Land und die Pflanzen. Diese Aussage kann als ein wichtiger Entwicklungsschritt nach der Flut 826 Jahre nach Adam beurteilt werden. Doch dazu ist nicht nur der Zeitpunkt der Flut sondern auch das Ausmaß der Flut ein wichtiger Indikator. In Gen 7,19.20 wird uns eine Messung genannt, die von der Arche aus durchgeführt wurde und 15 Ellen betrug. Diese Messung wurde sicherlich nicht über einem Berggipfel durchgeführt und genügt nicht als Beweis für eine weltumspannende Überflutung. Regen alleine kann kein völliges Untertauchen des Landes bewirken. Ein Aufbrechen der gewaltigen Ozeane kann eine Überflutung des gesamten Landes bewirken (Gen 7,11) und sogar Landmassen und Berge neugestalten. Ein versteinertes Boot mit den Ausmaßen der Arche liegt immerhin 2150 Meter über dem heutigen Meeresspiegel auf dem Ararat. Die von der stehenden Arche aus durchgeführten Mondbeobachtungen stimmten nicht mehr mit der Zeitrechnung überein, was auf interplanetare Veränderungen in historischer Zeit hindeutet, die für die ganze Erde Gültigkeit besitzen und gegen eine lokale Flutkatastrophe sprechen! Musste das Land neu erscheinen?

Darüber gibt uns in der 3. Bilderrede im Buch Henoch ein Augenzeuge und der Empfänger einer Apokalypse Noah eine Antwort:

Hen 60

1 Im Jahr 500, im 7. Monat, am 14. Tag des Lebens Henochs. In jener Bilderrede sah ich, wie der Himmel der Himmel von einem gewaltigen Beben erbebte, und das Heer des Höchsten, tausendmal Tausend und zehntausendmal Zehntausend, durch eine starke Erschütterung erfasst wurden.

2 Das Haupt der Tage saß auf seinem Thron der Herrlichkeit und die Engel und die Gerechten waren rings um.

3 Ich fing an zu schlottern vor Angst und hatte keine Kraft mehr zu stehen, mein Inneres schmolz und ich fiel auf mein Angesicht.

4 Michael sandte einen anderen heiligen Engel, der mich aufhob, bis ich wieder bei mir war, denn ich konnte den Anblick dieses Heeres und die Erschütterung und das Beben nicht ertragen.

5 Und Michael fragte: „Was hast du gesehen, was dich so erschüttert? Der Tag der Barmherzigkeit dauert bis heute noch an. Er war barmherzig und geduldig mit denen, die die Erde bewohnen.

6 Aber wenn der Tag der Macht, der Vergeltung und des Gerichts kommt, was der Herr der Geister denen bereitet hat, die sich nicht dem gerechten Gericht unterwerfen, und die das gerechte Gericht leugnen und die seinen Namen umsonst tragen – dieser Tag ist den Auserwählten eine Verteidigung, den Sündern eine Untersuchung."

7 An jenem Tag werden zwei Ungetüme verteilt werden: ein weibliches mit Namen Leviathan, dass es in den Tiefen des Meeres über den Quellen der Gewässer wohne.

8 Das männliche ist Behemoth, das mit seiner Brust die endlose Wüste einnimmt, Dendain genannt, im Osten des Gartens, wo die Auserwählten und Gerechten wohnen, wohin mein Großvater aufgenommen worden ist, der Siebente von Adam an, der erste Mensch, den der Herr der Geister erschaffen hat.

9 Ich bat einen Engel, mir die Macht jener Ungeheuer zu zeigen, wie sie an einem Tag getrennt und eins in die Tiefe des Meeres und eins in das Land der Wüste gesetzt wurden

10 Er sprach zu mir: „Du Menschensohn willst hier wissen, was verborgen ist."

In Hen 60,1-10 wird dieses Gericht mit einem gewaltigen Beben eingeführt, bei dem das Land auf zwei Ungetüme (Kontinente) verteilt wird. Behemoth kann an seiner Brust erkannt werden, der arabischen Halbinsel. Der Leviatan ist der sich windende amerikanische Kontinent. Die Kontinentalverschiebungen geschahen somit gezielt und in historischer Zeit nach dem ersten Drittel im ersten Siebener! Entgegen dem Evolutionsbild waren wir, wenn auch in einem Kasten geschützt, bei diesen großen Umwälzungen bereits mit zugegen.

Licht	Tag 1	Akt 1
Scheidung der Wasser	Tag 2	Akt 2
trockenes Land, Meere	Tag 3	Akt 3
Pflanzen		Akt 4

Der vierte Tag

Mit dem Hintergrund einer Flut, die das ganze Land überschwemmte und sogar Kontinente verschieben konnte, die wieder auftauchten ist auch die Frage, was es mit den Gestirnen am vierten Tag auf sich hat für eine ganz spezifische Epoche nach der Flut zu stellen! In den Jahren 1081-1440 bzw. von 1063-1417[354] müsste nach der Flut eine Form der Zeitrechnung möglich werden, die es so vorher nicht gab.

Gen 1

14 Und Gott sprach: Es sollen Lichter entstehen an der Feste des Himmels, zu scheiden zwischen den Tag und der Nacht. Dabei sollen sie als Zeichen dienen, um Zeiten, Tage und Jahre zu bestimmen.
15 Und sie sollen als Leuchten an der Feste des Himmels dienen, dass es hell sei auf der Erde. Und so geschah es.
16 Und Gott machte die beiden großen Leuchten: die größere zur Beherrschung des Tages und die kleine Leuchte zum Beherrschen der Nacht, dazu die Sterne. Und so geschah es.
17 Und Gott setzte sie an die Feste des Himmels, um über die Erde zu leuchten,
18 über den Tag und die Nacht zu herrschen und zwischen Licht und Finsternis zu scheiden. Und Gott sah, dass es gut war.
19 Und es wurde Abend, und es wurde Morgen, ein vierter Tag.

Die neuen Lichter sollen zur Bestimmung von Zeiten, Tage und Jahre dienen, was sie vorher offensichtlich nicht konnten. Die Lichter veränderten sich mit der Flut, was am Mond noch im Flutjahr und an der Sonne kurz darauf beobachtet wurde. So gleichmäßig und schön die Übereinstimmung von Sonnen-[360] und Mondjahr[12x30] auch war, so wenig war es wegen seiner Harmonie dazu geeignet, fortlaufende sich unterscheidende Zeiten, Tage und Jahre bestimmen zu können.

Das mit den neuen Mondzeiten Bestimmungen vorgenommen werden sollen zeigt die Wahl des Fluttermin deutlich an, der nach einem Drittel eines Siebeners in neuen Mondzeiten (7x354=2478/3=826) platziert über die Erde hereinbrach.

Nach der Flut musste das neue Mondjahr[354] mit wiederkehrenden Schaltjahren mit einem 13. Monat an das Sonnenjahr angeglichen werden, die in datierten Dokumenten als zweiter Adar oder zweiter Ululu auftauchen. Das hilft der Chronologie-Forschung Regent- und Mitregentschaften aufzuspüren und unterstützt deren Einordnung. Übermittelte Mondbeobachtungen wie (die wiederkehrenden) Mondfinsternisse können als Zeitbestimmung (Zeichen) genutzt werden.

Mit den neuen Sonnenzeiten wurden Bestimmungen vorgenommen, wie die neuen Kalender nach der Flut zeigen: Der erste Sonnenkalender stellte für ein Quartal von drei Monaten[3x30] einen zusätzlichen Sonnentag fest, was nach MT-Recherchen sogar schon im Flutjahr einem neuen Jahrkalender[364] auftrieb gab (Hen 72,32). Die Messung konnte durch viele weitere Beobachtungen im „neuen Sternenjahr" präzisiert werden, sodass spätestens nach einem Jubiläum alle Bezüge zwischen dem alten Kalender[360] und den Kalendern[354], [-365] bis zum ¼ Tag erfasst und ausgewertet wurden (Hen 74). Die Sternbeobachtung wurde weiter präzisiert. In Ägypten wurde von Memphis der Aufgang des Sirius (Hundsstern) nach längerem nichtsichtbarsein alle vier Jahre vor dem Aufgang der Sonne beobachtet. Dieses gefeierte Datum wanderte alle vier Jahre um einen Tag durch den ägyptischen Sonnenkalender[365]. Mit dieser Kenntnis können heute datierte Artefakte ziemlich treffsicher einem Jahr in einem Zyklus von 1460 Jahren zugeordnet werden!

Wenn aus diesem Grund Sonne, Mond und Sterne aus Sicht der Erde umgestellt wurden, stellt sich für uns die Frage, warum die Ägyptologie datierten Artefakte nicht entsprechend ihrer Auskunft ordnet?

Die Schöpfungswoche offenbart die Lebensräume der Menschheit! Durch das neue Jahr 365 ¼ konnten im Sonnenjahr 365 *Bestimmungen für Zeitabschnitte* möglich werden, wie solche zuvor nicht möglich waren. Der Stern von Memphis macht uns eine eindeutige Chronologie möglich. *Die Sterne können nicht lügen!* Diese *Zeichen* zeigen uns genau, wo wir uns im Uhrwerk Gottes befinden.

So sollen auch Tag und Nacht geschieden werden können, was vorher nicht möglich war. Inwiefern nicht? Dunklen Zeiten kann Licht (z. B. zwei Siebener in Mond- und Sonnenzeiten durch die Auflösung der Lebensalter) gegenübergestellt werden! Die Offenbarung des vierten Tages richtet sich somit auch gegen die durch institutionelle Wissenschaften begünstigten Zeitverfälschungen auf der Linie des Evolutionsgeistes. Es dient dem großen Saboteur und den Interessen von Staaten, die ihre Bürger unter alleiniger Kontrolle halten wollen!

Doch warum wurde diese Zeitumstellung und deren Auswirkungen erst dem 4. Tag zugeschrieben? Im Phönix des Hesiod beginnt 2198 die Beobachtung des Wandeljahres, weshalb eine Flut und eine Kalenderreform davor angenommen wurde. Doch könnten auch rechnerisch ermittelte 3 Epagomenen Anteile von 12 Jahren am Ende des nicht vollen Sothisjahres den Anstoß gegeben haben. Erst das Elfenbeintäfelchen aus Abydos zeigt den Serech von Djer, der über eine Spitze hinweg den Morgenstern der Sopdet beobachtet, der als eine sitzende Kuh dargestellt ist und darunter die Aussaat (Peret). Im Peret II. 2174 wurde diese Beobachtung gemacht. Es konnte für den frühen Peret noch keine Durchwanderung der Sothis geben. Die nächste belegte Beobachtung im Papyrus al-Lahum mit einem *16. Tag des 4. Monats im Winter* als Aufgang und einem Sothisfest im *Jahr 7; 17. Peret IV.* fand im 7. Jahr eines unbekannten Königs (Sened) 1874/1870 statt. Der Schemu wurde ab 1814 für 480 Jahre der erste vollständige Sothisfest-Monat.

Die *sprechende Auskunft* der MT^P Adresse für das 3. Jahr des Sened nennt im Eintrag *Num 19,1-22* für 1874 eine Sothis-Beobachtung! *Num 19* gibt Auskunft über eine rote Kuh, dessen Asche Rohstoff für das Reinigungswasser war. Rote Kühe sind in natura unbekannt.

Die rote Kuh aus *Num 19* ist ein außergewöhnlicher Eintrag, denn eine alle vier Jahre wiederkehrende Beobachtung des Sirius muss nicht auf eine solch nachdrückliche Weise festgehalten werden. Mit dem Sothis-Aufgang in 1874 hatte es etwas Besonderes auf sich. Darauf gestützt konnte im Papyrus al-Lahum der nächste Termin im „7. Jahr" von Sened sicher bestimmt werden. Außerdem lässt sich über die Asche *Num 19* ein Vergleich zum Phönix ziehen, der nach Bereinigung der Zeit wieder aus der Asche aufstehen wird. Bisher ungenannt ist die Verbindung zwischen dieser Zeit und der Anbetung JHWHs für den vierten Tag festzuhalten.

Dem 4. Tag in Mondzeiten 1063-1417 ab Adam entsprechen im heutigen Kalender die Jahre 2008-1654 v. u. Z. Abraham, Isaak und Jakob lebten in der Dynastie von Isne am 4. Tag, als sich Licht von Finsternis schied und die Urväter zu Beginn der Sothis im Schemu als Zweig aus dem damaligen Herrschaftsgebilde schieden.

Licht	Tag 1	Akt 1
Scheidung der Wasser	Tag 2	Akt 2
trockenes Land, Meere	Tag 3	Akt 3
Pflanzen		Akt 4
Lichter, eine Scheidung zwischen Tag und Nacht.	Tag 4	Akt 5
Bestimmungen für Zeitabschnitte, Tage, Jahre		
Die beiden großen Lichter und auch die Sterne		

Der fünfte Tag

Betrachten wir die Schöpfungswoche als eine Apokalypse mit Jahr-Jahren (360/354), sind auch am 5. Tag (1441-1800/1418-1771) ab Adam markante Merkmale zu erwarten.

> **Gen 1**
> **20** Und Gott sprach: Die Wasser sollen wimmeln von lebenden Seelen und Vögel sollen fliegen über die Erde an der Feste des Himmels.
> **21** Und Gott schuf die großen Seeungeheuer und alle sich regenden Wesen, die im Wasser wimmeln nach ihrer Art. Und so geschah es. Und Gott sah, dass es gut war.
> **22** Und Gott segnete sie und sprach: Seid fruchtbar und mehrt euch und erfüllt das Wasser im Meer, und die Vögel sollen sich mehren auf der Erde.
> **23** Und es wurde Abend, und es wurde Morgen, ein fünfter Tag.

Israel wanderte bereits 1806/1799 v. u. Z. in Ägypten ein und wurde 430 Jahre später (Ex 12,40) aus Ägypten befreit. In Mondjahren sind die Sonnenjahreszählung 12 bis 13[*] Jahre früher anzusetzen:

Jahr^{Lun}	MT^P Auskunft (Auszüge)	MT^P 1Sam	1	2	3	4
1402	*Mutter der Kinder beraubt*	*15,33*			*400*	
1400	*Salbung des achten Sohnes*	*16,1-13*				
1390	*Wer bin ich schon*	*17,55-56*				
1389	*Der Kopf des Philisters*	*17,57-18,5*	*430.*			
1383	*An den Feinden … rächen*	*18,25-27*				
1382	*Erkennen … JHWH mit ihm*	*18,28-29*		*430.*		
1374[*]	*Auf dem Feld … am 3. Tag*	*20,5-8*			*430.*	
1367[*]	*Urlaub für Schlachtopfer*	*20,27-29*				*430.*

Wichtig ist die Erkenntnis, dass von 1374 bis zum Jubeljahr 1337 die 38 Jahre Kernzeit der Wüstenwanderung vergangen sind. Vierzig Jahre nach dem Israel den Jordan durchquerte endete der 5. Tag (1653-1299), d. h. wir blicken auf lange Zeiten Israels in Ägypten.

Während dieser Zeit sollen sich die Meere mit Seelen füllen, Vögel über die Erde fliegen und große Seeungeheuer geschaffen werden.

> **Ex 1**
> **7** Die Söhne Israels wurden fruchtbar und begannen zu wimmeln, und sie vermehrten sich fortwährend und wurden in außergewöhnlichem Maß mächtiger, sodass das Land mit ihnen gefüllt wurde.

Diese Entwicklung konnte auch durch Unterdrückung, Zwangsarbeit und beabsichtigten Kindermord nicht aufgehalten werden (Ex 1,8f).

Während sich das Meer mit Seelen füllt fliegen Vögel über dem Land.

Ex 1
11 Da setzten sie Zwangsarbeitsoberste über sie zu dem Zweck, sie beim Tragen ihrer Lasten zu bedrücken. Und sie bauten das für Pharao Städte als Vorratsplätze: Pithom und Ramses.
12 Je mehr sie bedrückt wurden umso mehr vermehrten sie sich und breiteten sich ständig mehr aus, sodass es ihnen vor den Söhnen Israels graute.

Des Weiteren schuf Gott die großen Seeungeheuer. Das Zeitalter der großen Seemächte war angebrochen. Dazu gibt die Familiengeschichte Judas interessante Auskünfte:

Judas Familienangelegenheiten stehen mitten in der Geschichte Jakobs (Gen 37) mit dem Verkauf Josephs nach Ägypten und dessen dortiger Entwicklung (Gen 39-45). Der geschilderte Sachverhalt wird in Gen 46,12 bestätigt, doch fragt es sich, ob durch die Söhne und Generationen etwas anderes abgebildet werden soll? In Gen 38 versterben zwei von drei Söhnen (Generationen?) Judas, bis er in seiner kuriosen Verwicklung Vater aus der Witwe seiner Söhne wird, Vater von Zwillingen (Gen 38,27-30). Die Namen der Kinder sind Perez (Durchbruch) und Serech (Aufleuchten). Kam es hier zu veränderten Machtgefügen? Eine weitere Beobachtung, machten Gelehrte:

„Es gibt phonetische Ähnlichkeiten zwischen Namen wie Piram und Priam (Jos 10:3), Anchises und Achisch (1 Sam 27:2) und Paris mit Perez (Gen 38:29)."[29]

Diese Namen klingen an Helden an, die vor und nach dem Fall des alten Trojas auch für Ägypten zu einer Bedrohung wurden. Der Trojanische Krieg wurde durch eine Liebesgeschichte zwischen dem Paris und der Helena ausgelöst. Wann kamen der Durchbruch und wann das Aufleuchten? Zwei Jubiläen waren seit der Herrschaft Eliesers, Abrahams, Ismaels, Isaak und Jakob bis er nach Ägypten kam bereits vergangen. Wenn die drei ersten Söhne Judas für drei Jubiläen in Ägypten stehen, war im sechsten Jubiläum (1653-1616) ein Durchbruch (Perez) erzielt und im siebenten Jubiläum (1616-1548) ist ein Aufleuchten (Serech) erfolgt. Die Familiengeschichte Judas in Gen 38 ist eine Beschreibung der ersten fünf Jubiläen Israels in Ägypten! Sie assoziieren mit fünf Jahren der Dürre unter Joseph und kennzeichnen den Übergang zu den großen Seeungetümen.

---

[29] Fatih Cimok: *Das Biblische Anatolien*, *Die Seevölker*; Seite 44

Die Geschichte des Trojanischen Krieges wird in Gen 38 mit Perez zu Beginn des 5. Tages gestellt! War der Einfall durch die sogenannten Seevölker das wichtigste Ereignis in der antiken Geschichte?

„Obwohl die Gelehrten nicht in der Lage sind, eine einzelne, wichtige Ursache (Hunger, Epidemien. Erdbeben oder eine andere Naturkatastrophe) zu nennen oder zu entdecken, die diesen Aufruhr erzeugte, haben sie es aufgegeben, eine mysteriöse Gruppe von Eindringlingen aus Nordeuropa zu suchen, die plötzlich, wie Raubvögel, über diese Länder herfiel[en]."[30]

Diese zeitliche Diskrepanz und der Umstand, dass die griechische Literatur die Eroberung Trojas als eigene Episode behandelt, sprechen dafür, dass der trojanische Krieg nicht bei den späteren Seevölkern zu suchen ist, deren Herkunft weiter im Dunkeln bleibt.

Heinrich Schliemann, der Begründer der biblischen Archäologie und Entdecker von Troja, nannte seine Funde mit Berufung auf Homer „Schatz des Priamos". War diese Einschätzung richtig?

Diese sind rund 400 Jahre älter als von Schliemann vermutet (um 1650-1500) und damit zu alt, um mit dem erwähnten heroischen Personal in Zusammenhang gebracht werden zu können.[31]

Licht	Tag 1	Akt 1
Scheidung der Wasser	Tag 2	Akt 2
trockenes Land, Meere	Tag 3	Akt 3
Pflanzen		Akt 4
Lichter, eine Scheidung zwischen Tag und Nacht.	Tag 4	Akt 5
Bestimmungen für Zeitabschnitte, Tage, Jahre		
Die beiden großen Lichter und auch die Sterne		
Wassertiere und Vögel	Tag 5	Akt 6
Landtiere	Tag 6	Akt 7
Menschen		Akt 8

---

[30] Ebda, Seite 39
[31] *Troja – Traum und Wirklichkeit*; 2001; Christiane Zintzen: *Heinrich Schliemann, Grenzgänger zwischen Fakten und Fiktion*; Seite 436, Fn. 36

Der sechste Tag

Betrachten wir die Schöpfungswoche als eine Apokalypse mit Jahr-Jahren (360/354), sind auch am 6. Tag (1801-2160/1772-2126) ab Adam markante Merkmale zu erwarten.

Gen 1

24 Und Gott sprach: Die Erde bringe lebende Seelen nach ihren Arten hervor, Haustiere und sich regende Tiere und wildlebende Tiere der Erde nach ihrer Art. Und so geschah es.

25 Und Gott machte die wilden Tiere nach ihrer Art und das Haustier nach seiner Art und alle Tiere, die auf dem Boden kriechen nach ihrer Art. Und Gott sah, dass es gut war.

26 Und Gott sprach: Lasst uns Menschen machen in unserem Bilde, uns ähnlich. Sie sollen herrschen über die Fische im Meer und die Vögel im Himmel und über das Haustier und alle wilden Tiere und über jedes kriechende Tier auf der Erde.

27 Und Gott schuf den Menschen nach seinem Bilde. Nach dem Bilde Gottes schuf er ihn, als Mann und Frau schuf er sie.

28 Und Gott segnete sie und sprach: Seid fruchtbar und mehrt euch und erfüllt die Erde und macht sie euch untertan. Herrscht über die Fische im Meer und die Vögel im Himmel und über das Haustier und alle wilden Tiere und alles Lebende, das sich auf der Erde regt.

29 Und Gott sprach: Ich übergebe euch alle samentragenden Pflanzen auf der ganzen Fläche der Erde und alle Bäume, an denen samentragende Früchte sind. Sie sollen euch zur Nahrung dienen.

30 Und allen Tieren der Erde und allen Vögeln des Himmels und allen Kriechtieren auf der Erde, in welchem eine lebende Seele ist, gebe ich alles Kraut zur Nahrung. Und so wurde es.

31 Und Gott sah alles, was er gemacht hatte, und es war sehr gut. Und es wurde Abend, und es wurde Morgen, ein sechster Tag.

Der 6. Tag umfasst vierzig Jahre nach dem Einzug die Zeit der Richter und Könige in Israel bis zum vollendeten Tempel in Jerusalem.

Nach 38 Jahren Wüstenwanderung wurde der Jordan überquert, was in das Jubeljahr 1337 fiel. Eine Rückrechnung von einer totalen Sonnenfinsternis bis zu Salomos Tempelbau *in Mondjahren* markiert das Jahr 961. Die voneinander abweichenden Übermittlungen 480^{MT}; 440^{LXX} und 592^{JosAnt} bis zum Tempelbau können aufgrund gewisser Eigenarten zwischen den Kalendern erkannt werden (1Kö 6,1). Von 1335 bis 961 sind es 379 Jahre, und ein beginnendes 380. Sonnenjahr. Derselbe Zeitraum zählt 392 Mondjahre. Die 380^{Sonar} und die 392^{Lunar} zeigen prägnante Ähnlichkeiten mit den 480^{MT} und den 592^{JosAnt}. Hier werden für die Zeitspanne bis zum Tempelbau Aufstockungen beobachtet (+100, vgl. Gen 5^{LXX}).

Der Tempel wurde im 11. Jahr Salomos beendet (1Kö 6,37.38) und der Bau dauerte 7 Jahre von 961-954 v. u. Z. Auffällig endet der 6. Tag von 1300-946 v. u. Z. eine Jahrwoche darauf. Salomo baute an seinem eigenen Haus 13 Jahre lang (1Kö 7,1). Auch entsteht der Eindruck, diese Baustellen seien nicht voneinander zu trennen gewesen (1Kö 7,9.12). Hiram baut ab 1Kö 7,13 auch zum Tempel die Säulen und gießt das Meer und erstellt weitere Tempelausstattung, auch wenn das eigentliche Gebäude (1Kö 6,4f) und der Innenausbau (1Kö 6,14f) zuvor abgeschlossen erscheinen (1Kö 6,37.38).

Am 6. Tag soll die Erde, wie schon am 5. Tag das Meer, allerlei lebende Seelen hervorbringen. Der Wechsel vom Meer zum Land zeigt veränderte Machtverhältnisse an. Es ist auffällig, dass während der gesamten Zeit der Richter Ägypten keinen Einfluss auf Israel ausübt.

Immanuel Velikovsky identifiziert in *Zeitalter im Chaos* die Hyksos mit Amalek und füllt mit der Herrschaftsdauer nach Manetho[Jos] mit 511 Jahren die für ihn volle Zeit der Richter auf. Er stellt fest:

… sie ist jedoch in heutigen Werken über die ägyptische Geschichte erheblich reduziert. Diese Reduktion beruht nicht auf irgendeiner Berücksichtigung kultureller Wandlungen oder archäologischer Funde, alter Tabellen oder Daten, sondern erfolgte hauptsächlich der Tatsache wegen, dass das Ende der XII. Dynastie des Mittleren Reiches aufgrund der astronomischen Berechnungen der Sothisperiode auf das Jahr -1780 festgelegt wurde. Es folgt die XIII. Dynastie (die letzte des Mittleren Reiches) und die Hyksoszeit, bevor das neue Reich mit der XVIII. Dynastie im Jahre 1580 begann, wiederum gemäß Berechnungen, die moderne Wissenschaftler auf dem Kalender der Sothisperiode aufbauten. Wenn die Daten stimmen, verbleiben für die die XIII. Dynastie und die Hyksosperiode etwa 200 Jahre, und da einige Könige der XIII. Dynastie lange Regierungszeiten hatten, sind für die Hyksosherrschaft höchstens 100 Jahre übrig. Diese Ansicht wurde von Eduard Meyer vorgelegt und vertreten.[32]

Die Zeit der Richter kennt keine Einflussnahme eines ägyptischen Reiches und Josephus zitiert nach Manetho (Gegen Apion I, 84). Erst durch Saul wurde der letzte große Herrscher der Amalekiter Agag besiegt (1Sam 15,7-8). Immanuel Velikovsky bezieht zu Recht die Namen Apop II. – Agog II. auf eine Person, die in Auraris herrschte.

---

[32] Zeitalter im Chaos, Band I: Vom Exodus bis zu König Echnaton, 97

Die der Ägyptologie zugrundeliegenden Daten kommen nur in Verbindung mit Mondbeobachtungen zustande, während auf dem Siegel Sothis-Beobachtung steht. Dabei sind Sothis-Beobachtungen für die Berechnungen der ägyptischen Chronologie nicht nur selten geworden. Es kann sogar festgestellt werden, dass diese

„… Daten vom endgültigen Aussterben bedroht sind. Waren es 1935 noch fünf, ließ man 1981 noch drei und 1990 nur noch ein einziges gelten. Das letzte … aus dem Papyrus Illahum verpasst dem Mittleren Reich sein Alter, ist aber aus anderen Gründen umstritten."[33]

In Wikipedia in *die Liste der Pharaonen* werden für die 13. Dynastie die Jahre um 1759 bis nach 1640 veranschlagt, wobei um 1630 die 15. Dynastie der Hyksos eingesetzt haben soll In der 13. Dynastie der Wissenschaft von heute sterben die Könige weg wie die Fliegen! Die 14. Dynastie ist bei dieser Überlegung noch nicht berücksichtigt.

Von den 43 Hyksoskönigen dieser Dynastie sind nur zwei bekannt. In einer von Mariette in den Tempelruinen von Tanis, die fast alle Denkmäler der Hyksos enthalten, aufgefundenen Stele meldet Seti, ein General des Ramessu II, Befehlshaber in der Nachbarstadt Zor, dass dieser beschlossen habe, seinem Vater Seti I ein Denkmal zu setzen „im Jahr 400, am 4 Mesori, des Königs Set aa pehupti Nubti". Dies ist das einzige Beispiel der Anwendung einer Aera in den ägyptischen Denkmälern, doppelt auffallend dadurch, dass der König, in dessen wie aller Diospoliten Ahnenlisten die Hyksos constant und geflissentlich ignoriert werden, hier nach der Epoche eines von den verhassten Fremdherrschern datiert. Beide Thatsachen erklären sich vielleicht daraus, dass die Stele in der Hauptstadt der letzten Hyksosdynastie errichtet worden ist: in Tanis …[34]

Dieses seltene Zeugnis der Hyksos zeigt eine durchgängige Zeitrechnung, wie sie uns auch im Buch der Richter einmal begegnet. In Jephtas Spruch an die Ammoniter wird vom 300jährigen Eigentum Israels über das Land gesprochen, dass die Ammoniter begehrten (Ri 11,26). Die Art der Zeitrechnungen der Hyksos in Ägypten und der des Hauses Israel in Palästina sind vergleichbar und wohl auch zeitgenössisch. Der jeweilige Besatzungszustand und der Exodus wird sogar spätere Geschichtsschreiber veranlasst haben, die Hyksos mit Israel zu verwechseln.

Soweit der Wechsel von der Seemacht zur Macht vom Binnenland!

---

[33] Heribert Illig: *Geschichten, Mythen, Katastrophen*; 2010, Seite 92
[34] Georg Friedrich Unger: *Chronologie des Manetho*; 1867, Seite 152

Nun bringt *die Erde lebende Seelen hervor, Haustiere und sich regende Tiere und wildlebende Tiere der Erde nach ihren Arten*.

Von welcher Art war Israel? Sie wurden überwiegend in schwer zugänglichen Gebieten im Bergland ansässig und waren ohne König. Deshalb ist das Volk Israels wie sich regende Tiere niedrig und deshalb auch öfter von den umliegenden Haustieren und wilden Tieren bedrängt worden.

Erst der Wechsel zum Königreich Israel, der in offen erklärter Spannung zur Herrschaft Gottes stand, erhebt sich Israel zu einer politischen Größe. Gott redet wie schon in Maritexten belegt durch Propheten zu Saul, aber auch seine Salbung ging über Samuel und von Gott aus, was den Übergang zu den „großen Tieren" kennzeichnet.

Licht	Tag 1	Akt 1
Scheidung der Wasser	Tag 2	Akt 2
trockenes Land, Meere	Tag 3	Akt 3
Pflanzen		Akt 4
Lichter, eine Scheidung zwischen Tag und Nacht.	Tag 4	Akt 5
Bestimmungen für Zeitabschnitte, Tage, Jahre		
Die beiden großen Lichter und auch die Sterne		
Wassertiere und Vögel	Tag 5	Akt 6
Landtiere	Tag 6	Akt 7
Menschen		Akt 8

Die Erschaffung des Menschen und seiner Umwelt wird in Gen 2,4f beschrieben. Dieser Nachricht wurde ab Gen 1,3 die Schöpfungsapokalypse zwischengeschaltet, was zu einem zweigeteilten Bericht führte (Gen 1,26-30). Viele Einzelheiten werden in den chinesischen Piktogrammen bestätigt, so z. B. dass die Frau aus der Seite vom Mann genommen wurde. Nach diesem Bericht wurden in einer feuchten Landschaft Pflanzen und sogleich der Mensch erschaffen, für den ein Garten mit Bäumen, Tieren und schließlich auch seine Partnerin als Gärtner angesiedelt wurden, und durch den Grundstock der Geschlechter die Zukunft einer Menschheit mit sich selbst fortsetzenden Generationen angelegt wurden (Gen 2,4-25). Es gab ein schlichtes Regelwerk (Gen 2,16.17), einen Versucher (Gen 3,1-5) und eine Übertretungssituation mit weitreichenden Folgen, wie den Verlust des Gartens (Gen 3,6-24). Das waren die Anfänge der ersten Menschen!

Der erste Tag

Betrachten wir die Schöpfungswoche als eine Apokalypse mit Jahr-Jahren (360 Jahre), müssten uns an jedem einzelnen Tag wichtige Entwicklungsschritte der Menschheit im ersten Siebener begegnen!

Der erste Tag gehört an die erste Stelle, wird aber wegen des Einstiegmoments zurzeit der Flut am 3. Tag erst jetzt behandelt.

Im Anfang ging die Schöpfung des Himmels und der Erde (Gen 1,1) allen Tagen auf Erden, auch dem 1. Tag voraus. Die Erde war noch eine öde Wüste und Finsternis lag auf der Urtiefe und Gottessturm bewegte sich über der Wasseroberfläche – Gen 1,2. Manche sehen hier schon die kreativen Kräfte Gottes am Wirken.

<table>
<tr><td>

Gen 1
3 Und Gott sprach: Es werde Licht! Und es wurde Licht.
4 Und Gott sah, dass das Licht gut war.
Und Gott schied das Licht von der Finsternis.
5 Und Gott nannte das Licht Tag, die Finsternis aber nannte er Nacht.
Und es wurde Abend, und es wurde Morgen, ein erster Tag.

</td></tr>
</table>

Als frühester Lebensraum der Menschheit hatte der 1. Tag mit 360 Jahren Licht zu bieten, das es vorher noch nicht gab. Dabei handelt es sich nicht um Sonnenlicht, das ja bereits zum Himmel gehörte. Die von Gott zubereitete Erde in Gen 2,4-9 wurde mit dem Menschen ins Dasein gebracht und setzt Gen 1,1-2 direkt fort. Die Woche in Gen 1,3-2,3 wurde gewissermaßen zwischengeschaltet und geht bereits auf die Lebensräume der Menschheit ein! Sie hat eine den Genealogien ähnliche Sprachgestalt deren fortlaufenden Generationen sie über die Zeit weise beschreibt und dabei dem damaligen Weltbild nicht zu fremd wird. Ihre verborgenen Elemente setzt Weltepochen frei und deckt unverhohlen die großen Irrtümer unserer Gesellschaft auf. Ebenso verhält es sich mit dem ersten Tag.

Herausragend für den ersten Tag war das Licht, das durch Henoch an die Menschen vermittelt wurde. Um das wahrnehmen zu können sind Hindernisse, wie die überhöhten Lebensalter, zu überwinden. Die weiteren Lebensjahre der Genesis sind als eine Zeitrechnung aufzuschlüsseln, in der Henoch nach $200^{LXX}/300^{MT}$ Jahren ab Adam für $165^{LXX}/65^{MT}$ Jahre regierte und in den Himmel entrückt wurde. Die durch seine Himmelfahrt eingebrachten Erkenntnisse wirkten auf die damalige Gesellschaft revolutionär!

Er ist im WB in der Liste von Kisch als „Etana, der Hirt, der zum Himmel aufstieg, der alle Fremdländer stabilisierte" (WB 2,16-18) eingetragen, wo er abhängend im 297. Jahr für 52 Jahre regierte.

Eine Beschreibung der kosmischen Reise des Henoch vermittelte der damaligen Gesellschaft ein modernes Bild über das Universum.[35] Henoch trat als Fürsprecher für Engel vor Gott ein, was eine außergewöhnliche Begegnung und bleibende Eindrücke mit sich brachte! Die Genesis sagt: „Er wandelte mit dem wahren Gott."[36] Seine Personalien sind oben unter Niheb bzw. Imichet kurz zusammengefasst. In China wird ihm als Schennong die Traditionelle Chinesische Medizin zugesprochen, für deren Erwerb ein Menschenleben kaum ausreichen dürfte. Er müsste 200 Heilpflanzen auf ihre Wirkung hin untersucht haben. Als Bauer Gottes lehrte er bessere Verfahren, was sich in einem von Jesaja übernommenen älteren Text erhalten hat.[37]

Solche von Gott ausgehende Erkenntnisse brachten Licht in den Weg der menschlichen Gesellschaft, weil sie das Leben verbesserten und Menschen auch um Genüsse wie Tee bereicherte. Die Kultur konnte sich somit zielgerecht entwickeln und Bedürfnissen gerecht werden.

Ein weiterer Aspekt von „Licht am ersten Tag" war das Buch Henoch. Darin wird vom ersten Kapitel an vom Kommen Gottes zum Gericht gesprochen. Dieses Buch erklärt die Gründe für die aufkommende Gewalt auf der Erde. Es ist das wohl älteste apokalyptische Buch und der Genesis-Apokalypse (wer sie so bezeichnen möchte) ebenbürtig.

Licht	Tag 1	Akt 1
Scheidung der Wasser	Tag 2	Akt 2
trockenes Land, Meere	Tag 3	Akt 3
Pflanzen		Akt 4
Lichter, eine Scheidung zwischen Tag und Nacht.	Tag 4	Akt 5
Bestimmungen für Zeitabschnitte, Tage, Jahre		
Die beiden großen Lichter und auch die Sterne		
Wassertiere und Vögel	Tag 5	Akt 6
Landtiere	Tag 6	Akt 7
Menschen		Akt 8

---

[35] Harald Schneider: *Das Buch Henoch und die neue biblische Chronologie*; 2020; Seite 57-66; siehe *Anhänge zum 4. Gottesknechtslied* weiter unten.
[36] Siehe *Jesaja 24,16-20 und das Buch Henoch*; *Jesaja 29,1-8 – Henoch und die Engel*; *Jesaja 29,9-12 – Henochs Bittgesuche* weiter unten.
[37] Siehe *Jesaja 28,23-29 – Henoch als Bauer Gottes* weiter unten.

Der zweite Tag

Betrachten wir die Schöpfungswoche als eine Apokalypse mit Jahr-Jahren (360 Jahre), müsste auch am 2. Tag ein markanter Entwicklungsschritt der frühen Menschheit stattgefunden haben!

> **Gen 1**
> **6** Und Gott sprach: Es werde eine Feste inmitten der Wasser, das sie eine Scheidung bilden zwischen Wasser und Wasser! Und so wurde es.
> **7** Und Gott machte die Feste und schuf eine Scheide zwischen den Wassern oberhalb der Feste und den Wassern unterhalb der Feste.
> **8** Und Gott nannte die Feste Himmel.
> Und es wurde Abend, und es wurde Morgen, ein zweiter Tag.

Welche Wasser wurden 361-720 in Obere und Untere geschieden, sodass die oberen Himmel genannt wurden? Die Welt erfuhr eine Veränderung, die sich in der Genesis durch die Trennung von Kainiten und Sethiten zeigt, deren Namen nahezu identisch sind. Warum? Moses führt die Ursache dieser Teilung auf Kain und Abel zurück. Ihre Personalien sind oben unter Iucha und Tui zusammengefasst.

In ApkMos offenbart Gott Eva den Brudermord ihrer Nachkommen. Auffällig ergießt sich das Blut Abels „in den Mund seines Bruders Kain" der es unbarmherzig trank. Abel bat ihn, ein wenig von ihm übrig zu lassen, doch es floss weiter in seinen Mund (ApkMos 2,2-3 *Meiser*). Beschrieben wird der Raub oder die Besteuerung der Sippe Abels, dargestellt durch sein Blut. Moses gab diese Vision in Gen 4 leicht umgeformt mit „das Blut Abels schreit vom Erdboden" wieder. Im Bruderkrieg trennten sich obere Wasser als Himmel von unteren Wassern (dem Erdboden), was durch den Racheschutz der Städter legitimiert erschien (Gen 4,15)! Eva sah in ihrer dramatischen Vorschau, was ihrem Nachkommen Abel Amilabes (der Gutgesinnte [arm]) durch Kain Adiaphotos (der Lichtvolle) widerfahren wird.[38] Kain und Abel waren Tubal-Kain und sein Halbbruder Jabal. Jabal war Stammvater der Nomaden mit Vieh (Gen 4,20) und sein Halbbruder Tubal-Kain war Schmied (Gen 4,22). Die Entwicklung zeigt Lamechs Rede über seine Tötung eines Jugendlichen (Gen 4,23-24), wo die Deutung Waffenschmied naheliegt und die gesteigerte Rache (von 7 auf 77) die Überlegenheit vervielfacht. Die Spaltung der Menschen in Oben und Unten durch Gewaltherrschaft entstand am 2. Tag!

---

[38] In VidAd 23,2 [II+III] wird Adams Alter mit 130 Jahren angegeben.

Licht	Tag 1	Akt 1
Scheidung der Wasser	Tag 2	Akt 2
trockenes Land, Meere	Tag 3	Akt 3
Pflanzen		Akt 4
Lichter, eine Scheidung zwischen Tag und Nacht.	Tag 4	Akt 5
Bestimmungen für Zeitabschnitte, Tage, Jahre		
Die beiden großen Lichter und auch die Sterne		
Wassertiere und Vögel	Tag 5	Akt 6
Landtiere	Tag 6	Akt 7
Menschen		Akt 8

Der siebte Tag

Einige sprechen von einem Sechs-Tage-Werk, weil Gott am siebten Tag von seinen Werken ruhte. Schließt Gen 2,1 Gottes Werk ab? Die Septuaginta, der samaritische Text und die Vulgata gehen in Gen 2,2 erneut auf den Abschluss des sechsten Tages ein, während der masoretische Text am siebten Tag liest. Manche übersetzen „bis zum siebten Tag" um die Ungereimtheit mit Gottes Ruhen am siebten Tag im gleichen Vers auszugleichen. Dieser siebte Tag wurde gesegnet und geheiligt. Der hebr. Abschnitt umfasst nur Gen 2,1-3.

Gen 2
1 So wurden der Himmel und die Erde mit ihrem ganzen Heer vollendet.
2 Und am sechsten Tag vollendet Gott sein Werk, das er gemacht hatte.
Und am siebten Tag ruhte er von all seinem Werk, das er gemacht hatte.
3 Und Gott segnete den siebten Tag und heiligte ihn, denn an ihm ruhte er von all seinen Werken, das Gott wirkend geschaffen hatte.

Betrachten wir die Schöpfungswoche als eine Apokalypse mit Jahr-Jahren (360/354), müsste auch am 7. Tag (2161-2520/2127-2480) ab Adam eine markante Entwicklung stattgefunden haben!

Auffällig endete der 6. Tag von 1300-946 v. u. Z. in Mondzeiten mit Abschluss der Bautätigkeiten an Tempel und Palast (1Kö 6-7). Wurden auf diese Weise Himmel und Erde und ihr ganzes Heer zum Abschluss gebracht? Genauso ist es! Gen 2,1 schließt nicht die Schöpfung von Himmel und Erde in Gen 1,1 ab, sondern eine Zubereitung der Himmel als Regierung und der Erde als sein Volk mit ihrem ganzen Heer! Gott vollendete am 6. Tag sein Werk an Israel und der 7. Tag, an dem er von seinen Werken ruhte, konnte beginnen.

Von 945-591 v. u. Z. in Mondzeiten können wir Salomo, dann die Reichsteilung und wechselhafte Zeiten bis zum Untergang Israels und für die Hütte Davids bis zurzeit Zedekias blicken, der 589 gegen Nebukadnezar rebellierte was 586 zum Untergang Jerusalems und zur Zerstörung des Tempels Salomos führte. Im Psalmenkalender[LXX] direkt im Anhang kann dieser Übergang gut beobachtet werden.

Die 70 Jahre in Jer 25,12 zeigen ab 591 auf das 1. Jahr Darius, des Persers 521. Ein Blick auf die Differenz zwischen Mond- und Sonnenzeiten[365] von etwas über 76 Jahren lässt auf den Tempelneubau 515 blicken. Sieben Sonnenzeiten[365] d. h. der 7. Tag endete dort.

Die zwei Wochen in der Schöpfungswoche

Der Schöpfungswoche[39] als Werk Gottes besteht aus acht Schöpfungsakten, die sich über diese Woche hin verteilen. Es wird nun ein getrenntes Modell der acht Schöpfungsakte als 8 Zeiten vorgestellt, die mit der Woche kumulieren bis die Menschheit zum Leben findet.

Licht	Tag 1	Akt 1
Scheidung der Wasser	Tag 2	Akt 2
trockenes Land, Meere	Tag 3	Akt 3
Pflanzen		Akt 4
Lichter, eine Scheidung zwischen Tag und Nacht.	Tag 4	Akt 5
Bestimmungen für Zeitabschnitte, Tage, Jahre		
Die beiden großen Lichter und auch die Sterne		
Wassertiere und Vögel	Tag 5	Akt 6
Landtiere	Tag 6	Akt 7
Menschen		Akt 8

Am siebten Tag vollendete Gott Himmel und Erde und ihr Heer (d. h. Israel) und ruhte dann von seinen Werken (Gen 2,1-3). Die Wiederentdeckung der zwei großen Wochen als Lebensräume für die Menschen wirft die Frage auf, ob diese nicht auch schon in Gen 1,3-2,3 in irgendeiner Weise zu sehen sind? Das Nebeneinander von „und Gott schuf" und dem Werden „eines Tages" hat schon immer auch etwas verwundert. Juden bevorzugen den Dienstag für eine Hochzeit, weil nur von diesem Tag zweimal gesagt wird, er sei gut (Gen 1,10.13; Joh 2,1). Dies ist auf die zwei Akte zurückzuführen, wobei sich dann die Frage stellt, warum sich dies am 6. Tag mit ebenfalls zwei Akte nicht wiederholt? Am Ende des 6. Tages wird tatsächlich *alles, was Gott gemacht hatte* als *sehr gut* befunden, nicht explizit dieser Tag (Gen 1,31). Der Vers wirkt wie ein Abschluss der 8 Akte und 6 Tage. Dass die Septuaginta, der samaritische Text und die Vulgata in Gen 2,2 erneut auf den Abschluss des sechsten Tages eingehen, bevor Gottes Ruhe am siebten Tag genannt wird, bestärkt diesen Eindruck (s. o. *der 7. Tag*). Erst dieser siebte Tag wurde von Gott gesegnet und als geheiligt betrachtet (Gen 2,3). Die vorherige Entwicklung (8 Akte/6 Tage) gab das noch nicht her, wenn auch als sehr gut befunden. In 8 Akte und 6 Tage verbergen sich zwei Wochen und mit dem 6. Tag sind die 14 Zeiten abschlossen (s. u.).

---

[39] Harald Schneider: *Die Flut im Lebensraum der Menschheit*; S. 135-158

Zwei Wochen nach hebräischen Abschnitten und Gen 2,2

Nach den Paraschen bilden 1,3-2,3 die ersten sieben Abschnitte. Die nächsten sieben Abschnitte ab 2,4 enden beim Tod Adams 5,3-5. Auffällig in den Abschnitten ist, dass der achte Tag oder achte Akt die Schöpfung der ersten Menschen und ihren Sturz beinhalten 2,4-3,15. Deshalb kann auch aus diesem Betrachtungswinkel heraus untersucht werden, ob nicht zuerst acht Akte als acht Zeiten zu lesen sind? Die genannten sechs Tage füllen die zweite Woche, sodass die Ruhe Gottes in Gen 2,1-3 zunächst als noch bevorstehend erscheint. Die Divergenzen in 2,2 zwischen den alten Ausgaben und Übersetzungen, die auf noch ältere Vorlagen zurückgehen und dem masoretischen Text erklären sich damit, dass der genannte 6. Tag tatsächlich der 7. Tag in der Woche ist! Eine Anpassung, um die Tage in 2,2 aufeinanderfolgend darzustellen ist somit nicht nötig! Gen 2,2 bestätigt in allen alten Ausgaben, dass der *sehr gut* abgeschlossene 6. Schöpfungstag (Gen 1,31) am 7. Tag der zweiten Woche war. In 2,3 wird eben dieser Tag *gesegnet und als heilig betrachtet*, was für einen vollständigen Abschluss der zwei Wochen spricht. Mit der Unterscheidung vom gezählten 6. Tag und dem 7. Tag der Kalenderjahrwoche in Gen 2,2 eröffnen sich in 1,3-2,3 zwei Wochen. Auf der Ebene der Abschnitte bestätigt sich das Zeitbild der zwei Wochen.

Die ersten vierzehn Abschnitte des hebräischen Textes, hier mit Jahrjahren von 360

So	Mo	Di	Mi	Do	Fr	**Sa**
Jahr 1-360 **1. Akt** 1,1-5+	361-720 **2. Akt** 1,6-8+	721-1080 **3. Akt** 1,9-13+	1081-1440 **4. Akt** 1,14-19+	1441-1800 **5. Akt** 1,20-23+	1801-2160 **6. Akt** 1,24-31+	2161-2520 **7. Akt** 2,1-3+
2521-2880 **8. Akt** 2,4-3,15	2881-3240 **1. Tag** 3,16	3241-3600 **2. Tag** 3,17-21+	3601-3960 **3. Tag** 3,22-24	3961-4320 **4. Tag** 4,1-26+	4321-4680 **5. Tag** 5,1-2	4681-5040 **6. Tag** 5,3-5

Die Auswirkungen auf die oben als Woche behandelten 7 Tage sind relativ begrenzt, weil der Akt eine Handlung anzeigt, die jeweils mit einem Tag verbunden wurde. So kann selbst die Bezeichnung 1. Tag für den 1. Akt, 2. Tag für den 2. Akt und 3. Tag für den 3. Akt beibehalten werden. Der 4. Akt wird als 4. Tag gezählt, was bis zum 8. Akt als 8. Tag der Fall ist. Die als sechs Tage angelegten Zeiten gewinnen addiert den 6. Tag am Sabbat im 7. Tag der Woche. Der Umfang der ersten sieben Abschnitte deckt sich mit den Schöpfungstagen, sodass die Adressen 1,9-10; 1,11-13 irritieren könnten, doch nur, weil tausende Abschnitte hier ihren Anfang haben. Die Auskünfte der Paraschen bestehen (meist nur) im Zählen der Jahre.

Die einzeln erstellten Schöpfungstage behalten für die erste Woche ihre volle Gültigkeit! Warum kann man das mit Sicherheit sagen?

Dies wird am 4. Tag deutlich, denn nach der Flut mussten neue Kalender erstellt werden, weil die Ursache der aufgebrochenen Ozeane auf eine Zeitumstellung zurückgeht, bei dem das vollharmonische Jahr[360] mit zwölf Monaten[30] auf geteilte Sonnenjahre und Mondjahre umgestellt wurde. Die Kenntnis eines Sonnenjahres nach der Flutirritation setzt zwar einige Jahre an Beobachtungen voraus, konnte aber nicht erst am 5. Tag geschehen (s. o. *4. Tag*). Selbst der Eindruck eines gezählten 7. Tages für die Stiftung Israels ist gewollt und legitim. Nur *die Zählung für zwei Siebener* wurde sorgsam verborgen. Moses, der hiermit die Geschichte über Israel begann, hatte offensichtlich Offenbarungswissen vom Gott der Weltzeit! Im Anfang (Gen 1,1-2) ist eine Fortsetzung bis in unsere Zeit beigegeben, die den erhabenen Eindruck eines Rückblicks der Entstehung vermittelt!

Moses hat bei der Ausstattung seiner Genealogie mit Zeugungsalter und Lebensalter genau umgekehrt die Zeitspanne vor der Flut verdoppelt, indem er die Werte für eine zurückgewandte Zeitrechnung als *weitere Lebensjahre* verbuchte. So entstand auch der Eindruck eines *fasst ewigen Lebens* kleiner Tausend, das nach der Flut auf ein Standartalter von 70-80 Jahren ausblubberte. Die daraus resultierende Motivation hält bis heute an, während *die Herrschaften* dieser historischen Personen über die Zahlenwerte erreicht werden können und mit anderen Listen interagieren. Zur Aufklärung sind die voneinander abweichenden Überlieferungen der Lebensalter notwendig (MT, LXX, Sam, Jub). Auch wenn eine in Ägypten stattfindende Viehzählung als Steuererhebung im Rückblick offenlässt, ob Moses diese Erhebung als Jahr oder Doppeljahr gezählt oder beides aus seinen Quellen aufgenommen und geschickt verarbeitet habe, beantwortet dies nicht die einzigartige Funktion, *zwei Siebener gut zu verbergen.* Ohne eine Aufklärung der Lebensalter vor der Flut wäre die Wiederentdeckung der zwei Siebener nicht möglich gewesen. Diese Maßnahmen stehen offensichtlich in einem engeren Zusammenhang.

Ebenso ist ein Zusammenhang zum eigentlichen Schöpfungsbericht in Gen 2,4-3,15 am 1. Tag der 2. Woche zu überprüfen. Befand sich an diesem 8. Tag Israel durch seinen Einfluss auf das persische Königshaus in einem Garten Eden 2,8.10-14? Wie ging die Entwicklung weiter? Deshalb wird der Versuch unternommen, aus den Abschnitten prägnante Auskünfte über die Geschichte Israels zu gewinnen!

Der achte Tag

Der achte Tag kommt aufgrund gezählter Zeiten nach Abschnitten im hebräischen Text und durch den achten Akt zum Ausdruck, weil nur auf diese Weise der sechste Tag in Gen 2,2 auch als Sabbat gezählt werden kann. Der 8. Tag hat die Adresse Gen 2,4-3,15, was sich Inhaltlich mit dem 8. Akt, der Erschaffung des Menschen, deckt.

Der Schöpfungsbericht des Menschen in Gen 2,4-25 hat im 8. Akt in Gen 1,26-30 seine Gleichung, wo ein Kollektiv schöpferisch Tätiger den ersten Mann und die erste Frau nach ihrem Gleichnis erschaffen. Doch steht an diesem 6. Tag, an dem *Himmel und Erde und ihr Heer zur Vollendung kommen* sollen, ein Sabbat an (Gen 2,1-3), weshalb die Gleichung auf eine andere Entwicklungsstufe der Menschheit am Ende von zwei Siebenern gestellt wird. Außerdem enthält der Abschnitt 2,4-3,15 auch die Versuchung der Schlange, den Sündenfall, die Verurteilung der Schlange und die Ansage eines Nachkommens der Frau als Retter gegen die Nachkommen der Schlange, die zertreten werden würden. Die zukunftsweisende Ansage dieses Retters kann deshalb nur bedingt seine Schatten vorauswerfen.

535 regierte Kyros in seinem 3. Jahr, der als Befreier auftrat, große Versprechungen machte und entgegen der Meinung Vieler seinen Gefangenen (Juden) die (Exil-)Tür nicht öffnete (vgl. Jes 14,17). 522 trat Darius, der Lanz Knecht des Kambyses, als Retter auf und förderte den Tempelbau in Jerusalem, der 515 fertiggestellt wurde.

Der 8. Tag begann in Sonnenzeiten[365] spätestens 515 v. u. Z., was hier zugrunde gelegt wird, um an die obigen 7 Tage anzuschließen. Bis zum Jahr 150 kam die Versuchung der Schlange durch die zunehmende Hellenisierung Judas und die Sünde der Entweihung des Tempels am 25. Kislew 168 zum Ausdruck. Das rief den Widerstand der Makkabäer hervor (1Makk 1,54-59).

Die ersten vierzehn Abschnitte des hebräischen Textes, hier mit Jahrjahren von 360

So	Mo	Di	Mi	Do	Fr	**Sa**
Jahr 1-360 **1. Akt** 1,1-5+	361-720 **2. Akt** 1,6-8+	721-1080 **3. Akt** 1,9-13+	1081-1440 **4. Akt** 1,14-19+	1441-1800 **5. Akt** 1,20-23+	1801-2160 **6. Akt** 1,24-31+	2161-2520 **7. Akt** 2,1-3+
2521-2880 **8. Akt** 2,4-3,15	2881-3240 **1. Tag** 3,16	3241-3600 **2. Tag** 3,17-21+	3601-3960 **3. Tag** 3,22-24	3961-4320 **4. Tag** 4,1-26+	4321-4680 **5. Tag** 5,1-2	4681-5040 **6. Tag** 5,3-5

Der neunte Tag

Der neunte Tag kommt aufgrund gezählter Zeiten nach Abschnitten im hebräischen Text zustande und durch den ersten Tag in 1,5 zum Ausdruck, weil nur auf diese Weise der sechste Tag in Gen 2,2 auch als Sabbat gezählt werden kann. Der 9. Tag hat die Adresse Gen 3,16, wo als Folge der Sünde der Frau eine schwierige Geburt und eine starke Abhängigkeit von ihrem Mann angesagt werden.

Ob der erste Tag dem 9. Tag Licht bietet, ist nicht gleich offensichtlich. Der 9. Tag begann in Sonnenzeiten[365] spätestens 150 v. u. Z., was hier zugrunde gelegt wird, um die obigen Anschlüsse zu wahren. Von 150 v. u. Z. bis 216 u. Z. ist mit einer schwierigen Geburt und einer starken Abhängigkeit der Frau von ihrem Mann zu rechnen. Ist hier von Jesu Geburt und seinem Auftreten die Rede? Er wird von Johannes *im Anfang* und als das *Licht, das in der Finsternis leuchtet* erkannt, eine deutliche Bezugnahme auf Gen 1,1-5 (Joh 1). *Das wahre Licht, das jeder Art von Menschen Licht gibt, war im Begriff, in die Welt zu kommen. Er war in der Welt, und die Welt kam durch ihn ins Dasein, aber die Welt erkannte ihn nicht. Er kam in sein eigenes Zuhause, aber sein eigenes Volk nahm ihn nicht auf. So viele ihn aber aufnahmen erlaubte er Kinder Gottes zu werden, weil sie Glauben an seinen Namen ausübten, und sie wurden nicht aus Blut noch aus dem Willen des Fleisches noch aus dem Willen eines Mannes sondern aus Gott geboren* – Joh 1,9-13.

Durch die Konstellation (8 Akte und 6 Tage) hat Licht am ersten Tag seine Bedeutung am 9. Tag erlangt, als Jesus in die Welt kam!

Die ersten vierzehn Abschnitte des hebräischen Textes, hier mit Jahrjahren von 360

So	Mo	Di	Mi	Do	Fr	**Sa**
Jahr 1-360 **1. Akt** 1,1-5+	361-720 **2. Akt** 1,6-8+	721-1080 **3. Akt** 1,9-13+	1081-1440 **4. Akt** 1,14-19+	1441-1800 **5. Akt** 1,20-23+	1801-2160 **6. Akt** 1,24-31+	2161-2520 **7. Akt** 2,1-3+
2521-2880 **8. Akt** 2,4-3,15	2881-3240 **1. Tag** 3,16	3241-3600 **2. Tag** 3,17-21+	3601-3960 **3. Tag** 3,22-24	3961-4320 **4. Tag** 4,1-26+	4321-4680 **5. Tag** 5,1-2	4681-5040 **6. Tag** 5,3-5

Der zehnte Tag

Der zehnte Tag kommt aufgrund gezählter Zeiten nach Abschnitten im hebräischen Text zustande und durch den zweiten Tag in 1,8 zum Ausdruck, weil nur auf diese Weise der sechste Tag in Gen 2,2 auch als Sabbat gezählt werden kann. Der 10. Tag hat die Adresse Gen 3,17-21, wo als Folge der Sünde des Mannes ein verfluchter Erdboden, schwierige Lebenssituationen und der Tod in Aussicht stehen.

Der zweite Tag bietet dem 10. Tag die Trennung oberer und unterer Wasser an. Der 10. Tag begann in Sonnenzeiten[365] spätestens 216, was hier zugrunde gelegt wird, um die obigen Anschlüsse zu wahren. Von 216 bis 581 ist nach einem Mann mit verfluchtem Boden, einem mühseligem Lebenserhalt bis zu seinem Tod zu suchen. In Frage kommt das römische Reich, das sich seit Zenobia von Palmyra 271 Wassern gegenübersieht. Die Alamannen haben 365 große Erfolge gegen die Römer. Rom fällt am 24.08.410 an die Westgoten, die die Schätze plündern oder zerstören. Der Fall und die Brandschatzung Roms wird als Niederlage der Zivilisation gegen die Barbaren gedeutet. Die Bekleidung mit Fellen könnte vergleichend herangezogen werden (Gen 3,21). Die Vandalen fallen 455 in Rom ein und plündern die Stadt. Byzanz vernichtet das mächtige Vandalen-Reich bis 533. *Er schilt sie, und sie fliehen … das Los derer, die uns 455 Rom plündern* (Jes 17,14) Im Jahr 476 stürzen germanische Söldnertruppen den letzten weströmischen Kaiser Romulus, ein Kind, und rufen den Offizier Odoaker zum König aus. Dieser belässt zwar die römische Verwaltung und fördert das gewohnte römische Leben, doch sind die Tage des einst mächtigen Kaisers Westroms abgelaufen.

Die ersten vierzehn Abschnitte des hebräischen Textes, hier mit Jahrjahren von 360

So	Mo	Di	Mi	Do	Fr	**Sa**
Jahr 1-360 **1. Akt** 1,1-5+	361-720 **2. Akt** 1,6-8+	721-1080 **3. Akt** 1,9-13+	1081-1440 **4. Akt** 1,14-19+	1441-1800 **5. Akt** 1,20-23+	1801-2160 **6. Akt** 1,24-31+	2161-2520 **7. Akt** 2,1-3+
2521-2880 **8. Akt** 2,4-3,15	2881-3240 **1. Tag** 3,16	3241-3600 **2. Tag** 3,17-21+	3601-3960 **3. Tag** 3,22-24	3961-4320 **4. Tag** 4,1-26+	4321-4680 **5. Tag** 5,1-2	4681-5040 **6. Tag** 5,3-5

Der elfte Tag

Der elfte Tag kommt aufgrund gezählter Zeiten nach Abschnitten im hebräischen Text zustande und durch den dritten Tag in 1,13 zum Ausdruck, weil nur auf diese Weise der sechste Tag in Gen 2,2 auch als Sabbat gezählt werden kann. Der 11. Tag hat die Adresse Gen 3,22-24, wo der Mensch wegen dem *Erkennen von Gut und Böse* aus dem Garten verwiesen wird, von dem nun ein Schwert trennt. Der dritte Tag 1,9-13 bietet dem 11. Tag das Sammeln der Wasser und das Erscheinen des trockenen Landes an und das Sprossen der Pflanzen auf der Erde. Der 11. Tag begann in Sonnenzeiten[365] spätestens 581, was hier zugrunde gelegt wird, um die obigen Anschlüsse zu wahren. Von 581-946 sind nach einer Wassersammlung, trockenem Land und einer üppigen Vegetation Ausschau zu halten.

608 stellte Kaiser Yang einen Kanal von 1800 km zwischen Nord- und Südchina fertig. Zuvor liefen alle Handelsgeschäfte über den gefährlichen Landweg, da alle Flüsse im Reich der Mitte in Ost-West-Richtung fließen (siehe Jes 18,1-3). Mohammed fasziniert 622 Menschen der arabischen Welt mit seinen Lehren. Er hatte Visionen und verkündigte das Weltgericht am Ende der Tage, bei dem gute und schlechte Taten miteinander abgewogen werden. Die Botschaft sei verfälscht worden, weshalb der Islam als Religion gestiftet wurde. Mit unglaublicher Geschwindigkeit breitet sich seine Lehre aus, wie *Pflanzen mit ihrem Samen. Trockenes Land* kam am 25.12.800, als Karl der Große von Papst Leo III. zum Kaiser gekrönt wird. So hat der Westen wieder einen Kaiser, wie Byzanz im Osten. Die Hofsprache bei Karl dem Großen ist die deutsche Sprache und die deutsche Literatur. Im Kaisertum fließen römische, fränkische und christliche Vorstellungen zusammen. Die „Slawen-Apostel" Kyrillos und Methodios brechen 863 zu einer Missionarsreise in den Balkan auf, weil Ratislaw, Fürst des Großmährischen Reiches 860 den byzantinischen Kaiser Michael III. darum gebeten hatte. Die Slawen lernen das Christentum in ihrer Muttersprache kennen. Sie erarbeiteten zuvor ein Alphabet für die noch schriftlose Sprache und übersetzten die Bibel und die Gottesdienstliturgie ins slawische. Kyrillos stirbt 669 und 670 wird Methodios abgesetzt und inhaftiert. Das kann die Ausbreitung des slawischen Christentums und die national-orthodoxen Kirchen *als Dritter* mit Landessprache als Kirchensprache nicht aufhalten (19,24).

Die ersten vierzehn Abschnitte des hebräischen Textes, hier mit Jahrjahren von 360

So	Mo	Di	Mi	Do	Fr	**Sa**
Jahr 1-360	361-720	721-1080	1081-1440	1441-1800	1801-2160	2161-2520
1. Akt	**2. Akt**	**3. Akt**	**4. Akt**	**5. Akt**	**6. Akt**	**7. Akt**
1,1-5+	1,6-8+	1,9-13+	1,14-19+	1,20-23+	1,24-31+	2,1-3+
2521-2880	2881-3240	3241-3600	3601-3960	3961-4320	4321-4680	4681-5040
8. Akt	**1. Tag**	**2. Tag**	**3. Tag**	**4. Tag**	**5. Tag**	**6. Tag**
2,4-3,15	3,16	3,17-21+	3,22-24	4,1-26+	5,1-2	5,3-5

Der zwölfte Tag

Der zwölfte Tag kommt aufgrund gezählter Zeiten nach Abschnitten im hebräischen Text zustande und durch den vierten Tag in 1,19 zum Ausdruck, weil nur auf diese Weise der sechste Tag in Gen 2,2 auch als Sabbat gezählt werden kann. Der 12. Tag hat die Adresse Gen 4,1-26, Kain und Abel. Der Name JHWH wird angerufen werden.

Der vierte Tag bietet dem 12. Tag die Lichter an, durch die Tag und Nacht voneinander geschieden werden und die Sterne. Der 12. Tag begann in Sonnenzeiten[365] spätestens 948, was hier zugrunde gelegt wird, um die obigen Anschlüsse zu wahren. Von 946-1312 ist nach getrennten Lichtern und Sternen zu suchen.

Als um 1000 die Männer von Leif Eriksson auf der Fahrt von Island nach Grönland vom Kurs abkommen, entdecken die Wikinger Amerika, geben ihre Kolonie jedoch nach 3 Jahren auf (vgl. Jes 21,1-5).

Im Jahr 1054 entdecken chinesische Himmelsastronomen ein Phänomen im Sternbild Stier. Dort erscheint über Nacht ein neuer Stern, dessen Lichtstärke sich mit der Venus vergleichen lässt und dessen Leuchtkraft rund 20 Größenklassen entspricht. Die chinesischen und japanischen Astronomen wissen die Erscheinung nicht zu deuten. Diese *Späher und Seher auf der Warte … alle Nächte hindurch* 21,8 beobachteten eine Supernova, aus der der 6000 Lichtjahre von der Erde entfernte Krebsnebel hervorging (Jes 21,6-10).

Im Jahr 1099 endet der erste Kreuzzug mit der Eroberung von Jerusalem. Im Jahr 1171 wird Salah Al-Din Jussuf, genannt Saladin Sultan von Syrien und Ägypten. Er dehnt sein Herrschaftsgebiet schnell bis nach Mesopotamien und im Süden bis zum Jemen in *Arabien* aus und erobert Jerusalem zurück, *eine Scheidung der Lichter.*

Die ersten vierzehn Abschnitte des hebräischen Textes, hier mit Jahrjahren von 360

So	Mo	Di	Mi	Do	Fr	**Sa**
Jahr 1-360	361-720	721-1080	1081-1440	1441-1800	1801-2160	2161-2520
1. Akt	**2. Akt**	**3. Akt**	**4. Akt**	**5. Akt**	**6. Akt**	**7. Akt**
1,1-5+	1,6-8+	1,9-13+	1,14-19+	1,20-23+	1,24-31+	2,1-3+
2521-2880	2881-3240	3241-3600	3601-3960	3961-4320	4321-4680	4681-5040
8. Akt	**1. Tag**	**2. Tag**	**3. Tag**	**4. Tag**	**5. Tag**	**6. Tag**
2,4-3,15	3,16	3,17-21+	3,22-24	4,1-26+	5,1-2	5,3-5

Der dreizehnte Tag

Der dreizehnte Tag kommt aufgrund gezählter Zeiten nach Abschnitten im hebräischen Text zustande und durch den fünften Tag in 1,23 zum Ausdruck, weil nur auf diese Weise der sechste Tag in Gen 2,2 auch als Sabbat gezählt werden kann. Der 13. Tag hat die Adresse Gen 5,1-2, wo das Buch der Geschichte der Menschen einsetzt, die Gott männlich und weiblich geschaffen hat.

Der fünfte Tag bietet dem 13. Tag die Erschaffung der Wassertiere und Vögel an. Der 13. Tag begann in Sonnenzeiten[365] spätestens 1312, was hier zugrunde gelegt wird, um die obigen Anschlüsse zu wahren. Von 1312-1677 ist nach Tieren aus dem Wasser und nach Vögeln zu suchen.

Tiere erscheinen: Im Jahr 1328 wird Moskaus Fürst Iwan I. Danilowitsch vom Mongolen-Kahn zum Großfürsten von Wladimir erhoben und begründet Moskaus Hegemonialstellung in Russland. Christoph Kolumbus entdeckte *am Rand der Erde* Land, Amerika. Drei Schiffe segelten am 3. August 1492 von den Kanarischen Inseln aus in den weiten Atlantik und nach 71 Tagen am 12. Oktober 1492 wurde Land gemeldet, Grund für *Freudenlieder, die gehört wurden.* Doch ist dies mit einer Wehe gegen die *Falschen, die falsch handeln* belegt.

Vögel: Martin Luther kritisiert 1517 den Ablasshandel der Kirche, was die Reformation anstößt. Er übersetzt die Bibel in die Sprache des Volkes. Dies alles lässt die Macht der Kirche als *die Heerschar der Höhe in der Höhe* schwinden. Die Reformation zog später den Dreißigjährigen Krieg nach sich, in deren Schatten ein Verlangen nach Rechten aufkam, was zum Humanismus führte. Nach dem Krieg 1644 kamen Staatstheorien auf, wonach der Staat nicht mehr an die Monarchie gebunden ist. 1649 wird Englands König Karl I. der Prozess gemacht und hingerichtet. 1651 veröffentlicht Thomas Hobbes unter dem Einfluss des vielen Blutvergießens seiner Zeit in seinem Werk „Leviathan" die Theorie der absoluten Staatsmacht.

Die ersten vierzehn Abschnitte des hebräischen Textes, hier mit Jahrjahren von 360

So	Mo	Di	Mi	Do	Fr	**Sa**
Jahr 1-360 **1. Akt** 1,1-5+	361-720 **2. Akt** 1,6-8+	721-1080 **3. Akt** 1,9-13+	1081-1440 **4. Akt** 1,14-19+	1441-1800 **5. Akt** 1,20-23+	1801-2160 **6. Akt** 1,24-31+	2161-2520 **7. Akt** 2,1-3+
2521-2880 **8. Akt** 2,4-3,15	2881-3240 **1. Tag** 3,16	3241-3600 **2. Tag** 3,17-21+	3601-3960 **3. Tag** 3,22-24	3961-4320 **4. Tag** 4,1-26+	4321-4680 **5. Tag** 5,1-2	4681-5040 **6. Tag** 5,3-5

Der vierzehnte Tag

Der vierzehnte Tag kommt aufgrund gezählter Zeiten nach Abschnitten im hebräischen Text zustande und durch den sechsten Tag in 1,31 zum Ausdruck, weil nur der sechste Tag in Gen 2,2 auch als Sabbat gezählt werden kann! Der 14. Tag hat die Adresse Gen 5,3-5, wo Adams Tage mit 930 Jahren gezählt werden, bis er stirbt.

Der sechste Tag bietet dem 14. Tag die Erschaffung der Tiere und der Menschen an, ein von Gott gesegneter siebenter Tag der Woche. Der 14. Tag begann in Sonnenzeiten[365] spätestens 1677, was hier zugrunde gelegt wird, um die obigen Anschlüsse zu wahren. In der Zeit von 1677-2042 ist nach Tieren auf dem Land und nach Menschen zu suchen, die sich die Tiere untertan machen sollen.

Der Philosoph John Locke, Theoretiker der Volkssouveränität betont 1690 die Menschenrechte, die Dreigewaltenteilung und die Meinungsfreiheit. Er gilt als der Wegbereiter für die Aufklärung.

Der Philosoph Immanuel Kant (1724-1804) definiert den Begriff Aufklärung: „Aufklärung ist der Ausgang des Menschen aus seiner eigenen Unmündigkeit … das Unvermögen, sich seines Verstandes ohne Leistung eines anderen zu bedienen … Habe Mut, dich deines eigenen Verstandes zu bedienen! Ist also der Wahlspruch der Aufklärung." Jes 26,5f *Er hat die Bewohner der Höhe erniedrigt, die hochragende* Regierung, *stürzt er … in den Staub* und *es zerstampft sie der Fuß, die Füße der Einfachen, die Tritte der Armen.*

Das Hauptwerk der Aufklärung erschien 1751 zunächst in zwei Bänden als „Enzyklopädie", verstand sich als Manifest des menschlichen Fortschritts und umfasst am Ende fünfunddreißig Bände. Sie fordert die Abschaffung der Privilegien und die Volkssouveränität. Von den 142 Mitarbeitern ist Voltaire wohl am bekanntesten.

Die Französische Revolution 1789 versetzte der alten Ordnung einen Todesstoß und hob die Forderung nach konstitutionellen Verfassungen in Europa auf die Tagesordnung. Im 19. Jahrhundert löst das Bürgertum in Mittel- und Westeuropa den Adel als bestimmende gesellschaftliche Kraft ab. Wegen der Ausbeutung der lohnabhängigen Bevölkerung entsteht eine internationale Arbeiterbewegung und es werden Kämpfe um Verfassungen und Meinungsfreiheit geführt.

Ab 1804 prägte der „Code Civil" das bürgerliche Recht: Dazu zählt die Gleichheit aller vor dem Gesetz, die Gewissensfreiheit, die Freiheit des Individuums, Trennung von Staat und Kirche einschließlich der Legalisierung der Zivilehe, die Abschaffung feudaler Vorrechte und die Sicherung des Eigentums. Den Code Civil behalten nach Napoleons Sturz viele Länder bei. Nach Napoleon werden zwar alte Machthaber wieder inthronisiert, doch erzwingen in vielen Ländern das Volk Verfassungen. Die Julirevolution in Frankreich 1830 löst eine Reihe von Volkserhebungen für demokratische Reformen aus. Das Hambacher Fest 1832 mit 30.000 Teilnehmern aller Schichten war ein Ruf nach Einheit und Freiheit. Der Februaraufstand in Frankreich 1848 erfasste viele europäische Staaten. In Deutschland wird die Versammlung in der Frankfurter Paulskirche zur Geburtsstunde der deutschen Verfassung.

Im zweiten Teil des 19. Jahrhunderts werden das Verkehrswesen und das Nachrichtenwesen durch Eisenbahn- und Telegraphennetze revolutioniert und ein Zeitalter der Konzerne mit Massenproduktion verdrängt Gewerbegruppen, was zu Massenarbeitslosigkeit führt. Es folgen unzählige Finanzskandale. Die ökonomische Krise führt in den 1880er Jahren zum Kampf um überseeische Kolonien, dem Imperialen Zeitalter, das einen aggressiven Nationalismus hervorruft.

Im Imperialen Zeitalter bis 1914 kochten in Europa der Nationalismus und gegenseitige Eifersucht hoch, was nach der Ermordung des österreichischen Thronfolgers zum Großen Krieg und letztlich in Folge auch zum Zweiten Weltkrieg führt. Als 1932 Hitler in Deutschland an die Macht kam, setzte eine Verfolgung gegen die Juden ein.

Nach Gottes *Heimsuchung* des *Leviatans* (Jes 27,1) wurde 1948 der Staat Israel, *ein prächtiger Weinberg*, der mit einer außergewöhnlichen Fürsorge gegen alle seine Feinde versorgt und bewacht wird, gegründet (Jes 27,1-6).

Die verbliebene Weltmacht Amerika provoziert gerade einen Konflikt mit China, der wie in Jes 13,1-14,27 beschrieben enden wird.

Die ersten vierzehn Abschnitte des hebräischen Textes, hier mit Jahrjahren von 360

So	Mo	Di	Mi	Do	Fr	**Sa**
Jahr 1-360 **1. Akt** 1,1-5+	361-720 **2. Akt** 1,6-8+	721-1080 **3. Akt** 1,9-13+	1081-1440 **4. Akt** 1,14-19+	1441-1800 **5. Akt** 1,20-23+	1801-2160 **6. Akt** 1,24-31+	2161-2520 **7. Akt** 2,1-3+
2521-2880 **8. Akt** 2,4-3,15	2881-3240 **1. Tag** 3,16	3241-3600 **2. Tag** 3,17-21+	3601-3960 **3. Tag** 3,22-24	3961-4320 **4. Tag** 4,1-26+	4321-4680 **5. Tag** 5,1-2	4681-5040 **6. Tag** 5,3-5

Dieser letzte Tag der Schöpfungsapokalypse Gen 1,1-2,3 und den Abschnitten 1,1-5,5 ist noch nicht abgeschlossen. Der Mensch, bzw. die Menschheit steckt noch in seiner Entwicklung! Über die letzten Geschehen geben uns das Gericht über Babylon (Jes 13,1-14,2), der Fall des Tyrannen (Jes 14,3-23) und der Sturz Assurs (Jes 14,24-27) zeitgemäße Auskünfte an die Hand. Die Metrik beschreibt den bevorstehenden Sturz des Tyrannen, von dem heute alle betroffen sind und der sogar im Fall der Engel seine Parallelen findet.

Diesen Worten unsere Aufmerksamkeit zu widmen kann Leben bedeuten, weil wir je nach Standort und Anschauung gewisse Gefahren nicht aus uns selbst heraus erkennen können. Selbst eine Theologie kann den Blick auf das reale Geschehen trügen, wenn Voraussagen als bereits erfüllt gelten und dadurch ihre Warnwirkung für die Gegenwart verloren haben. Eine so hohe chronologische Auflösung hat zudem niemand erwartet, sodass auch dies einiges von uns fordert.

Dass der siebente Tag der Woche von Gott gesegnet wurde zeigt deutlich, dass die Entwicklungen der Aufklärung der Menschen und deren Emanzipation grundsätzlich erwünscht war. Sie war als Reaktion auf den Dreißigjährigen Krieg durchaus angemessen und räumt mit alten Vorstellungen über staatliche und religiöse Mächte auf. Der Fundamentalismus stellt sich als Gegenbewegung der Moderne auch dem Humanismus entgegen und strebt die Vereinigung von Kirche und Staat an, wie diese im römischen Reich unter Konstantin erreicht wurde.[40] Menschen sollen sich die Tier untertan halten, doch zeigen die Tiere immer noch eine zu starke Neigung, auf Menschen keine Rücksicht zu nehmen und nationale, religiöse und ethnische Unterschiede zu nutzen, um die Weltgemeinschaft zu untergraben. Gerade zu rechten Zeit öffnen sich Mitteilungen an die Menschheit, nicht nur an eine Nation, die den unausweichlichen Untergang einer Weltmacht und den eines Tyrannen am Ende von zwei Siebenern als Lösungseinstieg in den Fokus rückt. Der Gott der Weltzeit wird die Weltherrschaft auf seinen Bergen zerschlagen, wovon wir in kürze Zeugen werden. Es wird keine Verlängerung mehr geben.

---

[40] Am 28.10.312 siegt Konstantin an der Milvischen Brücke vor den Toren Roms gegen Maxentius und gelangt zur Kaiserwürde im weströmischen Reich. Eine Kreuzvision vor der Schlacht löste seine Hinwendung zum Christentum aus, *ein Thron* 16,5. Am 12.09.324 besiegte er Licinius vom oströmischen Reich und wurde damit zum Alleinherrscher.